# 马克思主义简明读本

# 毛泽东的贡献

丛书主编：韩喜平

本书著者：巩瑞波

编 委 会：韩喜平　邵彦敏　吴宏政
　　　　　王为全　罗克全　张中国
　　　　　王　颖　石　英　里光年

吉林出版集团股份有限公司

图书在版编目（CIP）数据

毛泽东的贡献 / 巩瑞波著. -- 长春：吉林出版集团股份有限公司，2014.4（2021.2重印）
（马克思主义简明读本）

ISBN 978-7-5534-4236-5

Ⅰ. ①毛… Ⅱ. ①巩… Ⅲ. ①毛泽东（1893～1976）—生平事迹 Ⅳ. ①A752

中国版本图书馆CIP数据核字（2014）第055351号

## 毛泽东的贡献
MAO ZEDONG DE GONGXIAN

**丛书主编：** 韩喜平
**本书著者：** 巩瑞波
**项目策划：** 周海英　耿　宏
**项目负责：** 周海英　耿　宏　宫志伟
**责任编辑：** 陈　曲
**出　　版：** 吉林出版集团股份有限公司
**发　　行：** 吉林出版集团社科图书有限公司
**电　　话：** 0431-81629720
**印　　刷：** 永清县晔盛亚胶印有限公司
**开　　本：** 710mm×960mm　1/16
**字　　数：** 100千字
**印　　张：** 12
**版　　次：** 2014年4月第1版
**印　　次：** 2021年2月第4次印刷
**书　　号：** ISBN 978-7-5534-4236-5
**定　　价：** 36.00元

如发现印装质量问题，影响阅读，请与出版方联系调换。

# 序　言

习近平总书记指出，青年最富有朝气、最富有梦想，青年兴则国家兴，青年强则国家强。青年是民族的未来，"中国梦"是我们的，更是青年一代的，实现中华民族伟大复兴的"中国梦"需要依靠广大青年的不断努力。

要提高青年人的理论素养。理论是科学化、系统化、观念化的复杂知识体系，也是认识问题、分析问题、解决问题的思想方法和工作方法。青年正处于世界观、方法论形成的关键时期，特别是在知识爆炸、文化快餐消费盛行的今天，如果能够静下心来学习一点理论知识，对于提高他们分析问题、辨别是非的能力有着很大的帮助。

要提高青年人的政治理论素养。青年是祖国的未来，是社会主义的建设者和接班人。党的十八大报告指出，回首近代以来中国波澜壮阔的历史，展望中华民族充满希望的未来，我们得出一个坚定的结论——实现中华民族伟大复兴，必须坚定不移地走中国特色社会主义道路。要建立青年人对中国特色社会主义的道路自信、理论自信、制度自信，就必须要对他们进行马克思主义理论教育，特别是中国特色社会主义理论体系教育。

要提高青年人的创新能力。创新是推动民族进步和社会发展的不竭动力，培养青年人的创新能力是全社会的重要职责。但创新从来都是继承与发展的统一，它需要知识的积淀，需要理论素养的提升。马克思主义理论是人类社会最为重大的理论创新，系统地学习马克思主义理论有助于青年人创新能力的提升。

要培养青年人的远大志向。"一个民族只有拥有那些关注天空的人，这个民族才有希望。如果一个民族只是关心眼下脚下的事情，这个民族是没有未来的。"马克思主义是关注人类自由与解放的理论，是胸怀世界、关注人类的理论，青年人志存高远，奋发有为，应该学会用马克思主义理论武装自己，胸怀世界，关注人类。

正是基于以上几点考虑，我们编写了这套《马克思主义简明读本》系列丛书，以便更全面地展示马克思主义理论基础知识。希望青年朋友们通过学习，能够切实收到成效。

韩喜平

2013年8月

# 目　录

引　言 / 001

## 第一章　早期革命的先知先觉者 / 003

第一节　童年的领袖气质 / 003
第二节　早期革命崭露头角 / 012

## 第二章　中国共产党的主要创建者 / 026

第一节　为建党做准备 / 026
第二节　一大前后担重责 / 036
第三节　在革命中壮大党的组织 / 049
第四节　领导根据地建设 / 058

## 第三章　全面抗战的领导者 / 067

第一节　对抗战形势的把握 / 067
第二节　领导抗日战争的伟大实践 / 074

## 第四章　新中国的缔造者 / 081

第一节　建立和巩固人民政权 / 081

第二节　指挥国家各项建设 / 087

# 第五章　中国特色社会主义的探索者 / 098

第一节　关于社会主义的若干理论 / 098
第二节　社会主义的探索和实践 / 106

# 第六章　先进思想文化的倡导者 / 124

第一节　对哲学的伟大贡献 / 124
第二节　引导先进的文化思想 / 133

# 第七章　人民军队和现代国防的开拓者 / 140

第一节　人民军队的缔造者 / 140
第二节　开创新中国的强军之路 / 147
第三节　现代国防建设备受重视 / 163

# 第八章　毛泽东思想的主要创立者 / 172

第一节　创立新民主主义革命理论 / 173
第二节　探索社会主义革命和建设理论 / 175
第三节　创立革命军队建设和军事战略理论 / 178
第四节　创立基本革命政策和策略 / 179
第五节　开创党的思想政治和文化工作理论 / 182
第六节　形成系统的党的建设理论 / 184

# 引　言

　　有人说，不了解毛泽东，就无法了解20世纪的中国。的确，这个伟人对20世纪中国的深刻影响不是用言语能表达清楚的。他是走在中华民族和世界进步潮流前列的伟大人物，但他又不仅是一个人，而且是一本书，需要我们仔细品读和学习。

　　无可否认，毛泽东有着巨大的魅力。他思想博大而深邃；他勇于接受挑战，富于革命精神。他"书生意气，挥斥方遒，指点江山，激扬文字"，有"沉舟侧畔千帆过，病树前头万木春"的淡定洒脱，有"问苍茫大地，谁主沉浮"的仰天长问，又有"到中流击水，浪遏飞舟"的浩然壮气。在他的革命生涯中，不管是"倒海翻江卷巨澜"，还是"雄关漫道真如铁"，毛泽东始终都矢志不移、执着追求。他好词曲诗赋，高谈阔论之间尽显伟人风采；他脱不掉农家的习惯，更曾感受高处不胜寒的孤独；他是一个凡人，却着实让我们感受非凡的智谋与胆识，毛泽东属于中国，也属于世界。他不仅赢得了全党全国各族人民的爱戴和敬仰，而且赢得了世界上一切向往进步的人们敬佩。他是中国乃至国际政治舞台上的最为引人瞩目的一颗耀眼之星！

毛泽东将他的一生都献给了中国人民的解放事业。新民主主义革命时期，他开创了中国革命第一个农村根据地，一条农村包围城市、武装夺取政权的革命道路从井冈山开始延伸，一直延伸到北京的天安门！抗日战争中，他的《论持久战》、《抗日游击战争的战略问题》等著作成为指引民族抗战胜利的法宝；他反对教条主义、本本主义，将马克思主义同中国具体实际相结合；他缔造了新中国，领导中国从新民主主义社会过渡到社会主义社会，艰辛地探索中国特色社会主义的伟大道路；他是民族的、科学的、大众的社会主义文化的倡导者，他是人民军队和新中国国防事业的伟大缔造者！他的一生是为中国人民的解放和建设事业奉献的光辉一生！

记录他对中国的伟大贡献，让我们重新缅怀他的先进事迹，感受他的丰功伟绩，理解中国革命的历史，理解今天的幸福生活来之不易！今天的青年人应该继承和发扬他的遗志，努力学习，为着他开创的中国现代化伟大事业而不懈努力，为着他孜孜探寻的中华民族伟大复兴的中国梦而奋斗终生！

# 第一章　早期革命的先知先觉者

## 第一节　童年的领袖气质

### 一、个性鲜明而又富有爱心

1893年12月26日，毛泽东出生在湖南省湘潭县韶山冲的一个普通农家。他的祖父叫毛恩普，字寅宾，是一个勤劳朴实的贫苦农民。父亲叫毛贻昌，字顺生，因为家里太穷，为了还债被迫去当了几年兵。毛顺生是一个非常严厉的家长，性情暴躁，对子女要求很严格。母亲文氏却是一个勤俭持家、敦厚慈祥、和善好施的人。由于父亲善于经营，家里的经济状况越来越好，他们从贫农逐渐变成了富农。毛泽东的孩童时期大部分是在外祖父家度过的，那是一个在湖南湘乡唐家坨的四世同堂的大家庭，以务农为业，所以毛泽东6岁便开始和表兄弟们一起在田间做农活。毛泽东小时候，中国的民族危机更深重了，1894年，中日甲午战争爆发；1900年八国联军侵占北京。中国被迫签订不平等条约，割地、赔款，丧权辱国，中国沦为了一个被列强欺凌的半殖民地国家。

毛泽东是一个山村里的普通农家孩子，但他又并不普通，少年的毛泽东是极富个性的。他接受的是严父慈母的家庭教育，这种模式对他影响很大。严父让毛泽东从小就深知农民的生活疾苦。毛泽东的父亲早年读过几年私塾，非常精明能干。由于善于经营家业逐渐地发达了，但他信奉的是"吃不穷，用不穷，人无算计一世穷"，所以一家人的生活仍是忙忙碌碌。一大早便要起来，做家务，人人都要参加劳动。毛泽东很小就开始帮家里做田里的农活，8岁时被父亲送到私塾里读书，读完书还要回来帮家里放牛，做一些零活，13岁时，毛泽东就能顶得上一个成年劳动力了。而劳动后，他还要学着记账、打算盘。毛泽东从小就体验到了农民生活的不易，所以他一生都热爱劳动人民，也正是他领导劳动人民翻身解放做了国家的主人。慈母的言传身教让毛泽东养成了百折不挠、刻苦奋斗的精神品格。母亲的善良在乡里是有名的，一直为大家称道，毛泽东也深受影响。有一年秋收的时候，村里家家户户都在晒谷子，突然，天气骤变，乌云四起，狂风大作，眼看着就有一场大雨，于是大家都忙着收谷子，而小小的毛泽东并没有先帮自家收谷子，却去帮一户邻家佃农收拾谷子，结果自己家的谷子遭了损失。严厉的父亲自然是非常生气，而毛泽东却认为，佃农家生活比较苦，损失一点谷子怕连租都交不上，应该先去帮他们。还有一次家里买了一个老妇人的猪，已经讲好价钱，猪还没赶来。结果几天后猪价涨了，等毛泽东去领猪的时候，这老妇人正后悔自己把猪卖早了，损失了，毛泽东听后就主动地提出这买卖不做了。母亲潜移默化的影响让毛泽东养成了热爱劳动人民的优良品格，他也非常敬重母亲。母亲去世的时候，毛泽东日夜兼程赶回韶山冲为母亲守灵，还写了长篇的《祭母文》来表达对母亲的怀念和哀思。

善良、诚恳、对穷人十分关心的毛泽东却又是离经叛道的。他觉得父亲刻薄自私，所以经常和父亲争辩，据理力争，甚至开始反抗父亲。一次，父亲当着很多生意人的面骂他"懒而无用"，毛泽东非常生气，当众和父亲争吵起来，他跑到池塘边，跟父亲谈判。父亲让他下跪道歉赔罪，毛泽东却说，如果父亲能够答应不打人，他可以单膝跪地道歉，结果协议达成了，这场风波才平息。经过这次反抗，毛泽东认为在巨大的压力面前只有反抗才能保证自己的权利。随着毛泽东越来越大，家里的这种争执越来越多，他后来回忆说，"我们家里分成两党，一党是我父亲，是在朝的执政党；一党是由我、我母亲、我弟弟、有时还有雇工所组成，是在野的反对党"。少年毛泽东个性鲜明，他刻苦耐劳，从小吃的穿的都很简朴，这习惯也一直保持到他的晚年，当了国家领导人的毛泽东还是节俭生活，穿破了的衣服缝缝补补再穿。他善良、倔强，富有反抗精神，也正因此，他才赢得了全国人民的拥护和爱戴，成为中国革命的伟大领袖。

## 二、从小懂得学习的真谛

毛泽东出生的时候中国正处于风雨飘摇的晚清社会。1893年12月毛泽东出生几个月后，日本发起了对中国的进攻。1895年日本战胜中国，这让中国的精英们由焦虑进而惊惶，他们开始忧叹祖国的命运，认为中国必须有一场挽救民族危亡的变革，不变法无以图强，戊戌维新运动随之兴起了，这场运动虽然短暂，但这段时期"人人言时务，家家谈西学"，带给中国的社会思潮震荡是可想而知的，它前所未有地冲击着中国人的心灵。与此同时，因为中外之间的碰撞、交流越来越多，一些外国的社会思潮，也借武力之威以前所未有的势头涌向中国，冲击着中国人的心灵。中国掀起了出国留学的热潮，一批留日学生中间产生了资产阶级革命派的主体，所以改良运动虽然失败了，但革命却仍在悄然进行着，孙中山誓除鞑虏，要改变这贫穷落后，被动挨打的旧中国。但是中国那些读四书五经的儒家文人却还信奉旧经典，墨守成规，不能接受这划时代的变革。毛泽东小时候的这种复杂社会环境让他立志发奋读书，一定要寻找到救国救民的真理。

少年时，毛泽东白天要帮家里干活，晚上偷偷地读书，为了不让父亲看到灯光，他把门窗遮起来。后来他去了私塾，但私塾里教的都是一些"四书"、"五经"之类的传统经典，毛泽东对这些不感兴趣，而是偷偷找来一些所谓的"禁书"，这些书大多是描写反叛故事的，比如《水浒传》，他对那些扯旗造反的英雄好汉十分钦佩。13岁时，毛泽东离开了私塾，回家帮父亲干农活。开始反抗父亲的毛泽东和父亲谈判："活我要照常干，书也要照常读。"若干年后，他对埃德加·斯诺说："回到家里以后，我惊讶地发现情形有了一些改观。父亲稍微比过去体谅些了，先生的态度也比较温和些了。我的抗议行动的结果，给了我深刻的印象。这是一次胜利的'罢课'"。毛泽东在韶山冲搜寻着他能找到的各种书籍。他看到了描写帝国主义威胁中国的书，开始认识到"国家兴亡，匹夫有责"；他看到《盛世危言》里描述富国强兵的内容，深受影响，觉得为了救国，他应该走出小小的韶山冲，去寻找外面的广阔世界。他从母亲娘家亲戚和自己的朋友那里东凑西借了些钱到外面去读书，临走时，毛泽东改写了一首日本人写的言志诗夹在父亲每天必看的账簿里："孩儿立志出乡关，学不成名誓不还，埋骨何须桑梓地，人生无处不青山"。

毛泽东的自我学习能力极强，6年"孔夫子"，让毛泽东打下了很好的古文基础，那些儒家经典他熟读于心。进入湘乡驻省中学后，毛泽东眼界大开，他开始走上了自我学习的道路。他在图书馆里发奋苦读。自然科学、社会科学的书籍和报刊他都读过，这一时期，他接触到了完全不同于儒家经典的西方名著，如达尔文的《物种起源》、亚当·斯密的《国富论》、孟德斯坞的《法意》等，毛泽东回忆时说，这半年的时光对他来说是极有价值的。

## 三、少年时的众多好品质

少年毛泽东养成了很多优秀的品质，这与他家庭的影响和自身的学习是分不开的，这是他一生伟大成就的重要基础。

毛泽东因受母亲的影响，善良、乐于助人，对穷苦的人极富同情心。9岁的时候，母亲带他去外婆家拜年，正遇上外婆家耍狮子，毛泽东非常高兴，他脱口而出："狮子眼鼓鼓，擦菜子煮豆腐。酒放热些烧，肉放烂些煮"。这些朴实的话让人们一下子就感受到了他对劳动人民的真挚情感。读私塾时，一个同学因为家里穷带不起午饭，毛泽东就把自己的午饭分给同学吃。1910年，湖南发生了饥民暴动，农民快要饿死了，而大米行奸商却囤积粮食，横行霸道。毛泽东痛恨这些奸商，父亲让他到湘潭一家米行学习大米经营生意，他大胆违抗父亲，坚决不去。

毛泽东博览群书，善于思考，从小忧国忧民的他对书上所反映的问题勤于思考，立志要改变农民的命运，改变落后国家的命运。1910年，毛泽东离开家到湘乡东山高等学堂读书，学校里的富贵子弟看不起这个土娃子，他曾以《咏蛙》诗言志："独坐池塘如虎踞，绿荫底下养精神。春来我不先开口，哪个虫儿敢做声"。像青蛙一样独自静坐在池塘养精神，表示他能够甘于寂寞，专心苦读，储备知识和能量，而后两句则表达了他想主宰自己和国家命运的远大抱负。他读书刻苦，天资聪颖，1912年湖南全省高等中学的一个国文老师给他的作文——《商鞅徙木立信论》写了下面的评语："自是伟大之器，再加功候，吾不知其所至"。读书的习惯他一直保持到晚年，一套浩瀚的《二十四史》他是从头到尾读过的，还做了大量的圈注和批画，即使是在出外考察的途中，他也手不释卷，这为他领导中国人民革命和建设事业提供了坚实的知识基础。

毛泽东叛逆，富于反抗精神，他蔑视权威，果敢坚毅。1906年，他在井湾私塾求学时，对私塾的读经教学模式非常不满，就偷偷跑到后山游玩，被老师发现后惩罚作诗。毛泽东便颂了一首《井赞》："天井四四方，周围是高墙。水清见卵石，小鱼围中央。只喝井中水，永远养不长。"这哪里是井赞，分明是在贬井，体现了毛泽东反抗权威的勇敢。其实父亲的暴躁和专制也促成了毛泽东的叛逆，他在家里不断和父亲抗争，先是说理争辩，后是出走相抗，在与父亲的反复较量中，激发了他的强烈反抗意识，这对他后来走上革命道路不无影响，也逐渐使毛泽东养成了伟大的革命斗争精神。毛泽东小时候的阶级斗争环境已经相当激烈，就在他从私塾辍学回家前不久，他和同学们碰到了一群贩卖豆子的商人，他们是从长沙来的，因为长沙发生饥荒，贫苦的人发起了大规模的抢米暴动，巡抚被愤怒的人们赶出了衙门，后来政府又新派来一位巡抚，旧的统治秩序恢复了，很多人为此被砍掉了脑袋，枭首示众，农民风暴以惨烈的结局收场。他的家乡也有哥老会的一些人造反，群山成了他们的庇护所。一些人认为他们是"土匪"，而毛泽东则认为他们是农民英雄。不久，毛顺生也成了被造反的对象。毛泽东认为父亲所代表的旧的封建父权家长制已经没落了，他说："我斗争的第一个资本家是我父亲"。但同时他又认为村民们的斗争方法是不对的，所以他也并没有完全支持暴动者，从毛泽东所走的革命道路来看，他认为革命不仅仅是单纯的反抗，而是要有一整套正确的政治策略，否则单纯反抗是不会成功的。

常年在农家的艰苦生活使毛泽东生活简朴又勤奋。最初，毛泽东是帮家里做些扫地、放牛等轻松一些的活儿。去私塾上学后，他白天读书，晚上要帮父亲割猪草，记账。十四五岁时的毛泽东已经是能干的壮劳力了。他整天参加劳动，犁田、耙田、插秧、收割、挑粪，十分辛苦。刻苦耐劳成就了他的坚毅品格，这让他在革命的过程中虽屡受挫折而不低头，直到实现伟大的奋斗目标。毛泽东喜欢凤仙花，他说："渊明爱逸菊，敦颐好青莲。我独爱'指甲'，取其志更坚"。五彩鲜艳的凤仙花让人赏心悦目，却并不挑肥拣瘦，无论是地瘦还是地肥，它都能生根发芽，尤其是在盛夏，骄阳似火，它仍能枝繁叶茂，笑傲炎阳。这些生动的比喻展现了毛泽东作为一个伟人的坚毅品格。东山小学校的校长称赞毛泽东是"建国材"。在报考多所学校都不如意后，毛泽东来到了湖南第一师范学习，在这里他度过了8年的美好青春时光，杨昌济、黎锦熙、蔡和森等师友对他影响很大，湖南一师的民本主义办学理念，优秀的教师队伍使毛泽东迅速成长，终成拄长天之大木，逐渐地担当起了中国革命领导者的伟大重任。

## 第二节　早期革命崭露头角

### 一、很早就躬于实践

毛泽东不仅善于向书本学习知识，也十分重视读无字之书，即向社会学习。他在《讲堂录》中曾写道："闭门求学，其学无用，若从天下国家万事万物而学之，则汗漫九该，遍游四宇尚已。"知识学问寓于社会实践中，而且是为社会实践服务的，脱离了社会实践，那是闭门造车，毫无益处。毛泽东这段话的意思就是要善于向社会学习知识，读"无字之书"。

　　如何了解社会现实，增长自己的社会知识，丰富社会阅历呢，毛泽东最喜欢游学的方式，并用这种方法来观察社会——他继承了湖湘学子的优良传统。王船山"少喜从人间问四方事，至江山险要，典制沿革，皆极意研究"，而魏源做学问是"自勤访问始"，戊戌维新志士谭嗣同更是游遍全国，广交天下名士。毛泽东也由此开始了他的实践。1917年，《民报》介绍了两名学生游遍全国的事迹，在此启发下，毛泽东邀请好友萧子升发起了"不带一文钱"的游学活动。暑假，毛泽东他们经过一个多月的步行，先后去了宁乡、安化、益阳、沅江等地，接触了社会上形形色色的人，有老农、乡绅，有僧侣，有先贤。晚上露宿河边、山林，有人对他们白眼，也有人对他们表示赞赏。他又借寒假之机到浏阳文家市的同学家里访问，和当地的农民一起劳动，挑水、种菜、种树，了解当地的风土民情，也深刻体会到了当地农民生活的疾苦。1918年，他和好友蔡和森游历了洞庭湖周围各县。通过游学，广泛接触各类人群，了解湖南省人民的生活状况，他积累了大量的社会经验，这些书本上学不到的知识成了他人生生动的"无字之书"。

　　在广泛参加各种游学、劳动的社会实践过程中，毛泽东锻炼了自己的才干，增长了自己的知识，也丰富了阅历。在湖南第一师范学习期间，毛泽东担任过校友会总务，参与创办了工人夜校，还与蔡和森等人组织新民学会，学会的宗旨是改良人心风俗，做新的国民。毕业后，毛泽东担任小学教师之余，还参与筹备新民学会的会员赴法留学事宜。这样的事情还有很多，比如：毛泽东和新民学会的部分会员到长辛店车辆厂调查生产；在五四运动期间，毛泽东恢复了湖南的学生联合会，组织领导了湖南学生的反帝爱国运动；五四运动后，他主笔《湘江评论》、新湖南等杂志，湖南的《大公报》还特约毛泽东做主编；湖南驱张运动也有青年毛泽东的身影，他联合湖南各界积极参与；1920年7月，他创办了新文化书社，专售一些进步书籍。毛泽东以湖南和创办书社为中心，开始了秘密组建社会主义青年团和长沙共产主义小组的活动。

## 二、弃武从文并非"逃兵"

1911年的清王朝四面楚歌，辛亥革命的前夜是山雨欲来风满楼。此时毛泽东正离开家乡赴长沙求学。他的内心是非常激动的，有感于时势和革命形势，他曾在学校的墙壁上发表自己的政见，在他的蓝图里，孙中山应该被从日本请回来当新政府的总统，康有为任国务总理，梁启超任外交部长。这固然是有些幼稚的想法，但也从中可以看出他主张革命，建设新国家，反对旧的封建专制统治的立场。武昌起义爆发后，他受革命气氛的熏染决定投笔从戎，报名参加了湖南新军，以此实际行动来支持辛亥革命。

1912年春天，毛泽东回忆自己离开军队时说："我以为革命已经过去，于是脱离军队，决定回去念书"。此时，南北议和，孙中山和袁世凯达成妥协，阴险狡诈的袁世凯表面赞成共和，事实上却暗行专制，留恋过去的帝制。但革命的军事对峙阶段暂时结束了。

毛泽东并不留恋军队生活。在部队里，他只是给长官们办些杂事、零活，从没打过仗。他认为军队在辛亥革命后的中国应该起着非常重要的作用，所以才投笔从戎。他猛烈地抨击旧伦理、旧制度："如果民众都软弱可欺，那么完善其道德又有何用？最重要的事情是使其强大起来。"南北议和后，毛泽东认为他需要继续接受教育，好有时间来仔细思索国家的前途，自己能为国家的强大做点什么，这也使他的学习乐趣又能继续下去，"有了什么念头就随时记下来，头脑里有什么想法就高兴地表达出来，有助于保持平衡"。于是，他改变主意，弃武从文了。

辛亥革命的胜利果实没能保住，1915年5月7日，袁世凯为了实现自己称帝的野心，不惜出卖国家利益，居然接受了日本政府提出的灭亡中国的"二十一条"，举国为之震动。作为一个爱国学生，他义愤填膺，奋笔疾书"五月七日，民国奇耻；何以报仇，在我学子"，这16字表达了他对帝国主义和封建军阀的无比愤慨。民族危机让毛泽东成为青年爱国者，也正是出于对国家民族出路的探寻，他开始接受激进民主主义思想。1915年，正值新文化运动如火如荼之时，陈独秀等新文化巨匠们号召青年，反抗旧伦理，提倡新道德，高举民主、科学的大旗，李大钊更发出了"青春中华"的激情倡言。毛泽东深受影响，这一时期，他的思想也发生了明显的转变，原来他受康有为、梁启超的思想影响很大，现在已开始批评他们"徒为华言眩听，并无一干竖立、枝叶扶疏之妙"了。

## 三、一师学习影响深远

湖南第一师范面山向水，背后是长沙南门外的妙高峰，前面是滔滔向北流淌的湘江，学校东侧是粤汉铁路，轰轰隆隆的火车不时传来时代的气息。隔着湘江，可以看到郁郁葱葱的岳麓山。毛泽东在这优美的环境中度过了5年半的师范生活。

湖南第一师范创建于1903年，前身是南宋著名理学家张栻讲学的城南书院，一江之隔便是朱熹讲学的岳麓书院。第一师范的规模、教师配备等条件都是毛泽东以往读过的几所学校所不能比拟的。这里的教育宗旨是最新的民本主义，提倡"道德实践"、"身体活动"、"社会生活"和"各种教授应提倡自动主义"。为此，学校聘请了一批思想进步、道德高尚、学识渊博的教师，如杨昌济、徐特立、黎锦熙等。而在毛泽东的周围，也聚集着一批像蔡和森、周世钊、李维汉、萧子升这样的热血进步青年，这里成为了培养新青年的摇篮。

在第一师范，毛泽东打下了深厚的学问基础，这个新旧交替的时代让毛泽东形成了自己的一套思想方法和政治主张。他为自己规定了读书的目的。青年人求学大多立志要当军事家、政治家。而毛泽东认为，读书应该立志寻找真理，不然便是对前人的简单模仿，"十年未得真理，即十年无志；终身未得，即终身无志"。在一师，他是一个心系社会，苦学求真的学生。

对毛泽东影响最大的莫过于杨昌济老师。他是长沙板仓人，自幼饱读诗书，尤其喜欢程朱理学，曾留学日本，游历德国、瑞士等国。回国后，他不做官，从事教育，他博学而高尚，吸引了一大批像毛泽东这样的进步青年。杨昌济要求学生首先要"高尚其理想"，要有朝气，努力奋斗。对于学问，他的主张是融汇中西，贯通古今，要有独立心，有自己的分析和判断。做光明正大的、思想独立的、有益于社会的人。平时毛泽东经常到杨先生家里讨论问题，放假则去他板仓家乡请教。1914年，毛泽东组织了一个哲学小组，他请杨老师做指导。杨老师这样评价毛泽东："其外家为湘乡人，亦农家也，而资质俊秀若此，殊为难得。"师生情谊甚深。毛泽东在给友人的信中说："弟观杨先生之涵宏盛大，以为不可及。"杨老师给了青年毛泽东以不可磨灭的深刻影响。

除了杨昌济，徐特立、黎锦熙、方维夏等老师也经常为毛泽东答疑解惑。1915年4月到8月，毛泽东拜访黎锦熙近二十次，后来黎老师离开湖南去北京，两人仍然书信不断，二人可谓亦师亦友。黎老师欣赏毛泽东，他在日记中写到："在润之处观其日记，甚切实，文理优于章甫，笃行两任略同，皆可大造"。

在学校读书的毛泽东对科目是有偏重的，数学、图画等课程他是没有花很多精力的，他把主要精力都放在修身、哲学、历史、国文等课程上，每天天刚蒙蒙亮他就起身学习，直到晚上借最后一点弱光苦读。他持之以恒，饱读各类书籍，中国古典著作如司马光的《资治通鉴》、《韩昌黎全集》，顾祖禹的《读史方舆纪要》，甚至本省的方志，他都认真阅读，仔细琢磨，在第一师范中国传统文化中的智慧和修养给毛泽东以很深的积淀。毛泽东的读书方法取自徐特立，即"不动笔墨不读书"，就是读书时一定把自己的心得和看法写下来，或是同意或是不同意，要有自己独立的见解和主张。

在第一师范读书的毛泽东深受湖湘学风的影响。岳麓书院就在第一师范旁，而这里是理学和实学交织所在，理学讲究内圣之道，实学则重视外王之术。学子们代代相传，到清末，经世致用的实学之风在湖南非常盛行。受此影响，学子们大多认为读书应以致用，要躬行实践，关心国家政治，因此湖南出了一大批像魏源、陶澍、曾国藩这样的官绅，也有谭嗣同、唐才常等维新志士。辛亥革命风暴中涌现出了黄兴、宋教仁、陈天华、禹之谟这样的革命先烈。曾国藩的家书和日记毛泽东是仔细读过的，他赞成曾国藩说的"言士要转移世风，当重两义：曰厚曰实。厚者勿忌人；实则不说大话，不好虚名，不行架空之事，不谈过高之理"。佩服曾国藩的毛泽东非常重视实事求是的思想方法，二十多年后，他把这4个字贴在延安中央党校的大门口，并对它做出了新的解释，并教育中国共产党人牢牢把握这4个字的真切涵义，这个思想方法加上他在第一师范的游学经历使毛泽东养成了重视调查研究的作风。

毛泽东在第一师范订阅了大量报刊和书籍，这些费用占了他总花销的1/3。他慷慨激昂地和同学谈论时事，同学们给他起了个外号叫"时事通"，这更加深了毛泽东的强烈的社会责任感。

在学校的生活是不平静的，民族危机之声不绝于耳，袁世凯复辟帝制，杨度组织筹安会，康有为、梁启超、汤化龙等人反对帝制，毛泽东把这三人的言论编成一本宣言，在校内广泛传播。在内忧外患，内外勾结残害百姓的行径中，毛泽东很快看清了日本人的野心，他断言"无论何人执政，其对我政策不易。思之思之，日人诚我国劲敌！……20年内，非一战不足以图存，而国人犹沉酣未觉，注意东事少。愚意吾侪无他事可做，欲完自身以保子孙，止有磨砺以待日本"，这段预言后来不幸言中了。

毛泽东在第一师范坚持"从我做起、积极向上"的人生态度，在探索理论、为国家寻找真理的过程中磨练了自己的意志。他把体育和国力联系在一起，认为要想民族振兴，必须强健民族体魄，"欲文明其精神，先自野蛮其体魄"。为了身体力行，他到长沙附近爬山，在冰凉的池塘里游泳，大雨滂沱，他就到野外去奔跑，这给他的身体带来能量，毛泽东把他的"体格锻炼"方法总结为："与天奋斗，其乐无穷！与地奋斗，其乐无穷！"毛泽东用"二十八画生"的笔名写下了第一篇发表在《新青年》上的论文——《体育之研究》，"运动宜蛮拙。骑突枪鸣，十荡十鸣。暗鸣颓山岳，叱咤变风云。力拔项王之山，勇贯由基之礼。其道盖存乎蛮拙，而无与于纤巧之事"。这武勇能锻炼健康的体魄和勇敢的意志及积极向上的乐观态度，而这些正是拯救中华民族的青年所必须具备的。

## 四、北大图书馆前后思想大转变

毛泽东第一次离开湖南是在1918年，他去北京寻找真理，此时他已经因为在《新青年》杂志上发表文章初步介入了新文化运动，但来到北京时，他身无分文，个人境况很窘迫，这与北京的繁华、富丽堂皇形成鲜明反差。

毛泽东到北京是组织新民学会的会员去法国勤工俭学的。这个活动是蔡元培、李石曾在北京组织的华法教育会搞起来的。此时正值湖南动乱，无学可求，毛泽东和蔡和森等人便发动会员参加这个活动。蔡和森先到北京进行了初步考察，后毛泽东和愿意去法国的会员一起到北京，毛泽东还起草了湖南青年留法勤工俭学计划，筹措路费。1918年8月15日，初到北京，他和老师杨昌济家的看门人同挤在一间小屋里，后来和另外7个湖南青年一起在一个叫三眼井的地方租了一间小房子，非常狭窄，拥挤不堪，毛泽东风趣地回忆道："每当我要翻身，得先同两旁的人打招呼"。毛泽东这个时候非常拮据，他们要买煤烧炕，北方冬天很冷，他们连大衣都买不起，只好8个人合买一件。同行的朋友们相继去了预备班学习，但毛泽东却没有。他的老师给时任北大图书馆主任的李大钊写了介绍信，为他寻觅一份工作。就这样，李大钊安排毛泽东做了一名图书馆助理员，他每天打扫阅览室，给新来的第二阅览室的报刊做登记，为阅读者登记姓名资料，管理中外报纸，等等。每个月8元的薪水，对这个有志青年来说已经相当满意了。

北京是各种先进思想汇聚的地方，而北大这时又是新文化运动的阵地，蔡元培坚持"兼容并包"的办学方针，让一大批文化巨匠聚集到了北大，毛泽东自然不能放过向他们当面请教的机会，他组织新民学会的在京会员同蔡元培、胡适进行了座谈，"谈话形式为会友提出问题，请其答复。所谈多学术及人生观问题"。

李大钊对毛泽东的影响是很直接的，也最为深远。李大钊这时已经逐步从一个革命民主主义者转变为一个马克思主义者了，十月革命后，他热情讴歌、赞颂社会主义和马克思主义，毛泽东还亲自到天安门广场听他的《庶民的胜利》的演说，也从此开始具体地接触和了解马克思主义了。

在北京，毛泽东还认识了王光祈、张国焘、陈公博、谭平山这样一些著名人物，尤其和湖南的北大中文系学生邓中夏建立了深厚友谊。除此之外，毛泽东还收获了一份爱情，杨昌济先生的女儿杨开慧这时候已经是一个18岁的大姑娘了，经常来往于杨家的毛泽东和她逐渐熟识并建立了恋爱关系，故宫河畔、北海公园都见证了他们的浪漫爱情。

1919年春天，毛泽东母亲病危，不得不回家服侍以尽孝道的毛泽东要回湖南了，而他的好友们经过半年预备班的学习就要启程去法国了。毛泽东送别了好友，他的心情是很复杂的，北京的世界五彩缤纷，但他似乎并不能和它融为一体，新思想充斥脑海，一下子消化不完，虽然开阔了眼界，但此时的毛泽东非常彷徨，他没有迈出国门，决定留下来。他这样解释留下来的原因："一来看译本比看外国原著要来的快，可以在较短的时间求到较多的知识。二来世界有东方文明和西方文明，东方文明占据半壁江山，而东方文明的实质就是中国文明，觉得要先把东方文明即中国古今学说制度研究好，再去西洋才能达到很好比较的目的。三者等到留洋回来，恐怕就不能为现在的中国尽一点力了，现在就要对中国的情形进行实地调查和研究。"也就是说，此时的毛泽东更倾向于先把中国的国情研究好，再去了解西方。

他回到长沙，住在修业小学，这是一个第一师范的附属小学，他的同学周世钊恰好在此任教，经他推荐，学校聘请毛泽东做了历史教员，每周有6节课。也正在这个时候，他一边教学，一边领导了长沙的五四运动。消息传到北京后，北京学生联合会派邓中夏到湖南，向毛泽东、何叔衡等人介绍了北京的情况，大家一起商量如何改组湖南的学生联合会，响应北京的运动。就这样，新的湖南学生联合会一成立便号召发起了学生的总罢课，要求政府拒绝在巴黎和约上签字，废除一切不平等条约。

学生联合会大部分是新民学会的会员，蒋竹如说毛泽东是一个"富有战斗性的新的学生组织的实际领导者"。毛泽东在这场运动中广泛介绍各种新思潮，25岁的他全力投入到《湘江评论》的编辑工作，在一个多月的时间里，他写了四十多篇文章，还负责编辑、排版、校对工作，甚至自己也亲自到街上叫卖。第一期《湘江评论》印了2000份，一天之内就售完了，此后每期印5000份，印刷量是相当大的。

　　青年时期的毛泽东思想活跃，积极进取，这些都为他以后的革命道路奠定了坚实基础。

# 第二章 中国共产党的主要创建者

## 第一节 为建党做准备

### 一、确立马克思主义世界观

1918年夏从湖南一师毕业到1921年春，毛泽东的世界观开始向马克思主义的世界观转变，正式成为了一名忠实的马克思主义者，虽然其思想转变的时间不长，但转变的过程却是复杂的。

1918年8月，毛泽东来到北京，在与李大钊的交谈中他对马克思主义有了初步的认识。五四运动后，他担任了《湘江评论》主编。在这一时期，他开始重视社会实际和人类物质生活问题。他认为："世界上什么问题最大？吃饭的问题最大；什么力量最强？民众联合的力量最强。"这些都为他接受马克思主义，实现其政治思想和世界观的转变创造了有利条件。

1920年下半年，毛泽东正式确立了对马克思主义的信仰。同年5月，毛泽东到达上海，在与陈独秀的交谈中讨论了有关马克思主义和湖南改造等问题。7月份回到长沙后，他就认真研究马列著作并从事湖南自治运动。

1920年冬至1921年春，毛泽东真正成为了一个马克思主义者，实现了其世界观由唯心主义向辩证唯物主义和历史唯物主义的根本转变，其标志为他与蔡和森等人的书信以及在新民学会长沙会员大会上的两次发言。其主要表现在：第一，1920年底，毛泽东开始坚信，必须要有一种为大家所共同信仰的主义。第二，确认以劳农为基础的人民群众是达到"改造中国"的决定力量，从相信"圣贤创世"的英雄史观到重视群众的唯物史观，这些都表明毛泽东已抛弃了唯心史观。第三，主张走俄国十月革命的道路，采取暴力手段夺取政权，建立无产阶级专政。

## 二、积极创办革命刊物

五四运动时期，宣传新文化、新思想的各种刊物如雨后春笋般在中国各地涌现出来。《湘江评论》就是其中之一，毛泽东以《湘江评论》为阵地，开始探讨新思想，为改造新世界做宣传。从这本杂志的栏目便可以看出它的志趣："东方大事述评"、"西方大事述评"、"世界杂评"、"新文艺"、"湘江杂评"。这些栏目皆为引导民众开阔眼界、寻找改造中国的途径和方法而设。杂志宣传反帝反封建和反军阀专制统治的思想，不仅如此，该杂志还热情地讴歌十月革命，宣传马克思主义，这些内容深刻揭示了中国知识分子和民众的强大革命力量，敢于斗争的革命精神，也正是这些内容，引起了反动统治者的恐慌。

毛泽东主笔下的《湘江评论》言辞犀利，主要使用白话文撰写。毛泽东就在这时发表了他早期著名的文章——《民众的大联合》。这篇文章语言雄辩有力，通俗易懂，饱含着爱国深情。

毛泽东指出并斥责中国的现状："所赖以维持自己的特殊利益，剥削多数平民的公共利益者"，无非就是"知识"、"金钱"和"武力"这样的东西。他用历史唯物主义的观点观察世界和解释历史，这是他思想上的一大进步和飞跃。毛泽东还在这篇文章中赞颂十月革命及其影响，他认为："俄罗斯打倒贵族，驱逐富人，劳农两界合立了委办政府，红旗军东驰西突，扫荡了多少敌人，协约国为之改容，全世界为之震动"。他认为社会改造还是需要一个根本方法，就是全体民众联合起来，"因为一国的民众，总比一国的贵族资本家及其他强权者要多"，较大的运动必有较大的联合。民众为什么要联合起来呢？因为他们有共同的利益，那就是反抗压迫者。由此，毛泽东号召全中国的农民联合起来，要求政府和地主减轻捐税，为自己的吃饭问题而抗争；他号召学生、教师和妇女等都联合起来为自己的利益而战，最终，这些群体全部联合起来，为实现民族利益而战。从此以后，毛泽东的眼光不再只单纯盯住个人，而是注意人民群众，这才是实现救国救民理想的关键所在。

民众联合起来之后，要用什么样的方法来争取自己的利益呢？毛泽东总结了两种方法：一个是激烈派，以马克思为代表；一个是温和派，以克鲁泡特金为代表。此时的毛泽东陷入了两难，一方面，他是赞成十月革命的，并且十分向往走苏联的道路，但另一方面，他又不赞成十月革命那样暴力革命的方式。他的方式是民众联合起来做"忠告运动"，展开"呼声革命"，他认为暴力革命会造成天下大乱，用强权来对付强权，结果仍将是另一个强权。

然而温和的主张却被无情严酷的军阀统治所打破，就在《湘江评论》第五期刚刚印出不久，湖南督军张敬尧就出动军警查禁了它，并给它扣上了"过激主义"的帽子，杂志被迫停办了，湖南学生联合会也被迫解散了。

毛泽东这时也受到了无政府主义的影响。1918年，他同蔡和森等人还进行了无政府主义的实践，即半工半读的新村互助实践，他们寄居在岳麓书院半学斋的湖南大学筹备处，大家自学并互相学习，一起讨论社会改造问题，自己劳动，自给自足。但这个实践很快因为去北京组织赴法勤工俭学而中断了。

1919年3月，周作人在《新青年》上发表了《日本的新村》一文，介绍新村主义，王光祈在北京组织"工读互助团"，无政府主义的实践还得到了蔡元培等人的支持。这种试图用和平的方法来改造社会的主张使毛泽东受到启发，他回到湖南后也起草了一个"新村"计划，这个计划主张成立实行新教育的新学校，学生们在学校里半工半读，这些学生再创造一些新的家庭，家庭与家庭组合在一起共同创造新社会。这个美好的社会里，有公共育儿院、公共养老院、公共的学校和图书馆、公共银行、工厂、剧院、医院，等等。以这个小小新社会为例，整个国家再进行新的改造，合成一个理想的新村。

这个美好的新村理想被《湘江评论》的封禁所打断了，毛泽东很快就投入到一场声势浩大的民众运动中去了。

## 三、领导长沙的民众运动

1919年，毛泽东在湖南发起了驱张运动。"张毒不除，湖南无望"，当张敬尧强令解散湖南学生联合会时，毛泽东开始召集原来的学联干部，酝酿驱张运动，他认为此时北洋军阀内部直系和皖系之间的内讧正是组织运动的大好时机，湖南的学生应该主动担当起驱张的重任，尽可能多地联合各界人士，包括教员和新闻界人士，把驱张看作是五四爱国运动的继续。

毛泽东成为这场具有广泛社会影响的政治运动的主要领导者，学联公开发表驱张宣言，长沙中等以上的学校学生开始酝酿总罢课，驱张的代表团还分赴北京、常德、衡阳、郴州、上海、广州等地，四处联络，争取支援。为此，毛泽东在1919年12月18日再次来到北京，与各方协商，组织"旅京湖南各界联合会"和"旅京湘人驱张各界委员会"，同时他还组织成立平民通讯社，起草了大量的驱张宣言、通电文件等以争取各地的支持。赴京的驱张代表团组织了7次请愿活动，毛泽东作为代表向当时的国务总理靳云鹏提出了明确的驱张要求。一时间，毛泽东成了风云人物，他的这些活动使驱张运动取得了明显成果，此时张敬尧的劣行大白于天下，人人声讨。这时国民党的谭延闿打着南方政府的旗号率领湘军进入了长沙，张敬尧灰溜溜地离开湖南。这场运动让毛泽东在社会实践方面向前迈进了一步，也为他思考社会改造问题奠定了基础。

　　毛泽东到北京后，读到了《共产党宣言》和一些社会主义的新书刊，也意识到了自己在长沙的运动已经失败，他开始思考中国的问题需要"根本解决"，而不是想方设法地去改良。但究竟主义为何，"好多人讲改造，却只是空泛的一个目标。究竟要改造到哪一步田地（即终极目的）？用什么方法达到？……这些问题，有详细研究的却很少"，毛泽东还没有一个明确的主义概念，但他并不满足书本上对真理的寻找，而是投入到了社会实践中去。就在这年五月，他送别了去法国的友人后，还想要实践一下工读互助生活，他便和好友租了几间房子，一起做工，一起读书，有饭同吃，有衣同穿。负责洗衣服送报纸的毛泽东在这次实践中很快就认识到了工读互助生活的弊端，从而放弃了无政府主义的实践。就在此时，陈独秀也在上海，他正同李达、李汉俊等人筹备组建上海的共产主义小组，毛泽东正酝酿着成立"湖南改造促成会"的计划，他向陈独秀征求了意见，这次谈话显然对毛泽东的影响是巨大的。他在后来回忆："陈独秀谈他自己的信仰的那些话，在我一生中可能是关键性的这个时期，对我产生了深刻的影响。"

南陈北李，相约建党，毛泽东则回到湖南，开始了他的湖南改造实践。

回湘后，毛泽东又做了两件大事：一件是投入到湖南自治运动当中；一件是创办文化书社，宣传新文化、宣传马克思主义。前者是对他社会改良思想的挣扎性的实践，而后者则是向马克思主义的急速转变。

当时中国的北洋军阀政府，主张"武力统一"，连年战争，生灵涂炭，人们渴望和平，所以一些人开始主张联省自治或者称地方自治，李大钊和陈独秀都赞同这种做法。毛泽东也深受影响，回到湖南后，他开始参加湖南自治的讨论，先后在长沙《大公报》和上海的报纸上发表文章，提出自己的自治主张。毛泽东认为，"湘人治湘"是少数特殊人做治者，而一般平民是被治者，这是主人和奴隶的落后制度。而湖南自治则是要发动下层人民，像苏联那样，政治上依靠工人、农民来自治。湘人自治要建立一个湖南共和国，废除军阀专制统治，建立真正的民主政府，银行、实业、教育都由民众来自办，成立工会、农会，这个共和国要保障人民的集会、结社、言论和出版自由等权利。与此同时，毛泽东在长沙瀚宗街湘雅医学专门学校租了三间房子，作为他创办文化书社的地点，文化书社经营了很多介绍俄国和马克思主义的书，如《劳农政府在中国》、《新俄国之研究》、《社会主义史》和《马克思资本论入门》等，这些书相当畅销，总是供不应求。在这个走在时代之先的湖南，毛泽东独立潮头，完成了他向马克思主义转变的伟大过程。

## 三、领导成立长沙早期组织

新民学会是毛泽东在长沙集合同志建立得较早的社团，这个社团深受新文化运动的影响，学会就设在蔡和森的家里，最初有二十多名会员。学会刚成立时倾向于个人修养的建设，对政治目标还很含糊，不过很快新民学会就突破这个宗旨，开始探索中国的出路问题。新民学会也成为了湖南学生运动的骨干，这一基础让它在日后成为了中共长沙早期组织。

毛泽东回到长沙后，实践他的湖南自治主张，他起草了自治运动游行的请愿书，出席省教育会召集的"第二次筹备自治运动之各界联系会议"并担任主席。1920年10月10日，近两万长沙群众冒雨上街游行，代表们向督军府递交了请愿书，要求政府迅速召开人民制宪会议。军阀谭延闿虽然接下了《请愿书》，却断然拒绝了群众的要求。十一月下旬，谭延闿被军阀赵恒锡推翻，这个湘军总司令干脆撕下伪装，制造谣言，说毛泽东在请愿时扯下了省议会的旗帜，妄图捣毁省议会。警察厅还把毛泽东叫去诘问。这种高压的恐怖气氛让湖南的自治运动从此一蹶不振。

自治运动的失败让毛泽东开始冷静下来，他到江西萍乡休息了些日子，思考自己所走的路，改良的道路走不通，必须另辟新路，他的想法开始逐渐切合实际，从失败中汲取教训。他在给罗章龙的信中写到："要造成一种有势力的新空气"，而新民学会须"变为主义的结合才好。主义譬如一面旗子，旗子立起了，大家才有所希望，才知所趋赴"，毛泽东下定决心，开始走上了探索主义真理的革命道路。他提出，新民学会要确立一个改造的基础，从事根本的社会改造的计划和组织，如蔡和森所主张的共产党。他认识到了温和改良的法子在理论上虽然说得通，但是在事实上做不到。那些历史上的专制主义者、军国主义者非要等到人家来推翻，绝对没有自己收场的。他赞同俄国式的革命，中国并不是有更好的方法而不采纳，这是山穷水尽之后的一个变计。

　　建设中共长沙早期组织的实践在悄然进行着，毛泽东在这段时间里受中共发起组的委托在湖南组建了社会主义青年团。他一方面以文化书社、俄罗斯研究会等名义宣传马克思主义，另一方面通过第一师范工人夜校在工人中开展革命宣传工作。这一系列扎实的工作使得共产党小组成立的时机不断成熟，他最终受陈独秀等委托成功创建了湖南的中共早期组织。

## 第二节　一大前后担重责

### 一、参与建党伟大事业

　　1920年冬天，毛泽东和杨开慧结婚了，这是27岁的毛泽东人生的一个重大变化，两人是在毛泽东的两次北京之行中相爱的。毛泽东为她专门写了一首《虞美人》："堆来枕上愁何状，江海翻波浪。夜长天色总难明，无奈披衣坐起薄寒中。晓来百念皆灰烬，倦极身无凭。一钩残月向西流，对此不抛眼泪也无由。"这段凄美的爱情佳话一直流传于世。杨开慧带着简单的行李，住进了毛泽东居住的第一师范附小的教师宿舍，他们俩用6块银元置办了一桌酒席，招待了长沙的几位亲友，便开始了婚后生活。从此后，杨开慧成为了毛泽东革命工作的贤内助。

此时，新民学会内部发生了分裂，部分信奉马克思主义的人主张革命，何叔衡提出"一次的扰乱，抵得二十年的教育"。毛泽东对何叔衡的这个主张表示赞同，他说："我的意见与何君大体相似。社会政策，是补苴罅漏的政策，不成办法。社会民主主义，借议会为改造工具，但事实上议会的立法总是保护有产阶级的。无政府主义否认权力，这种主义，恐怕永世都做不到。温和方法的共产主义，如罗素所主张极端的自由，放任资本家，亦是永世做不到的。激烈方法的共产主义，即所谓劳农主义，用阶级专政的方法，是可以预计效果的。故最宜采用。"新民学会中先后有31人加入了中国共产党。

"1920年，新民学会出现了分裂，在毛泽东领导下，那些热衷共产主义的人，形成了一个单独的秘密组织。"这是萧子升的回忆，他和毛泽东争论了好几个晚上，谁也没能说服谁，最终毛泽东等人秘密组成了中共长沙早期组织。

中共长沙早期组织是受陈独秀委托成立的。张国焘回忆说："陈先生与在湖南长沙主办《湘江评论》的毛泽东等早有通信联络，他很赏识毛泽东的才干，准备去信说明原委，请他发动湖南的中共小组。"1920年11月间，毛泽东收到了陈独秀、李达的来信，他们还寄来了《共产党》月刊和社会主义青年团章程。毛泽东还邀请陈独秀去长沙参加湖南社会主义青年团的成立大会。大约在1920年11月，中共长沙早期组织秘密创建了，小组有毛泽东、何叔衡、彭璜等6人。1921年1月13日，毛泽东组织了湖南的社会主义青年团并担任书记，团员有16人，后发展到39人，其中就有毛泽东的弟弟毛泽覃。长沙的共产主义小组是秘密活动，对外打着文化书社、俄罗斯研究会等名义。李达认为长沙小组的宣传和工运工作有了初步成绩，综合各地小组的情况，长沙的小组是比较统一而整齐的。

1921年6月，毛泽东接到了赴上海参加中国共产党第一次代表大会的通知。新民学会的会员凑集了旅费给他和何叔衡，他们才得以成行。

1921年的7月是中国历史上具有划时代意义的一个时期，因为中共一大的召开。参加中共一大的代表一共有12位，他们是上海的李达、李汉俊；北京的张国焘、刘仁静；长沙的毛泽东、何叔衡；武汉的董必武、陈潭秋；济南的王尽美、邓恩铭；广州的陈公博；日本代表周佛海；还有共产国际代表马林、尼克尔斯基。

这一色的知识分子是以"北大暑期旅行团"的名义聚集在一起的，他们住在上海法租界的博文女校，而离女校不远的贝勒路树德里3号就是召开会议的地点，这里是李汉俊的哥哥李书城的家，会议开到最后一天改到嘉兴南湖的一条游船上继续进行。张国焘主持了这次会议，毛泽东和周佛海负责记录。这次具有历史意义的会议正式确定成立中国共产党，通过了党的纲领，并选举了以陈独秀、张国焘、李达等组成的中央局。陈独秀被选为书记。会议确定，党成立以后的中心工作就是要组织工会，领导工人运动。

在中共一大会议上毛泽东只作了一次发言，内容是介绍中共长沙早期组织的基本情况。相较于李汉俊、刘仁静、李达这些精通外文，饱读过马克思著作的党员来说，他是沉默寡言的，他总是注意同志们的发言，努力思考，以致于看起来像一个"书呆子"和"神经质"。

党的一大的召开标志着中国共产党的成立。从此，在古老落后的中国大地上出现了完全新式的、以马列主义为行动指南的、以实现社会主义和共产主义为奋斗目标的统一的和唯一的中国工人阶级的政党。

## 二、建党后接受新任务

从一大回到长沙的毛泽东，先是趁着养病的时间抓紧读了一些书，特别是把英文补一补。他要做的事情还很多，尤其是如何具体执行中共一大的决议呢？中共一大的会议并没有给各地以具体的办法，各地的工作要靠各地同志创造进行。毛泽东和其他地区的同志一样，主要是从两个方面开展工作的：一是利用各种关系进行党的宣传、马列主义的宣传以及发展党员；二是想办法尽可能接近工人，组织工人运动。

不久，毛泽东被聘为湖南第一师范的国文老师，他便推荐何叔衡接替他做了一师附小主事。二人利用船山学社的社址和活动经费创办了一所湖南自修大学。这也是毛泽东一直以来的心愿，他认为自修大学应该是一种平民主义的大学，大学里的学习应该采取自学的方法，研究各种学术，同时参加劳动，目的是让知识阶级和劳动阶级相接近。湖南自修大学是抱着改造现社会的目标求知识和学问的。当时入校的只有夏明翰一人，后发展到湖南34个县和外省4个县的二百多名有志青年。结果1923年11月，赵恒锡就以"有害治安"为名关闭了自修大学。

与此同时，毛泽东着手筹建湖南地方党组织，1921年10月

10日，湖南省的共产党支部正式成立，毛泽东任书记，主要成员有何叔衡、易礼容等。支部设在小吴门外清水塘22号，他们租下这里作为秘密活动中心。

支部成立了，接下来就是发展党员了。毛泽东开始在工人和学生中发展党员。为了接近工人群众，他脱掉长衫，换上粗布短褂，穿上草鞋，到工人集中的地方，和他们谈心，同他们做朋友。湖南支部先后在湖南第一纱厂、电灯公司、造币厂和缝纫、印刷等行业中活动，吸取一些先进工人分子入党。而学生党员首先是从自修大学中吸收，还有第一师范、商业专门学校、第一中学等学校。情况较好的学校还建立了党的支部。毛泽东曾两次到衡阳的省立第三师范建立党的支部，并两次到安源煤矿活动，了解情况。在1922年2月，安源党支部成立，李立三任书记，这个支部是湖南党组织领导的最早的产业工人党支部。支部里走出了很多著名的共产党员，如夏明翰、毛泽民、杨开慧等。

湖南在党的建设方面是很有成果的。到1922年5月，包括江西萍乡、安源在内，湖南地区已有党员30人。在此基础上，毛泽东和何叔衡建立了中共湘区委员会，书记是毛泽东。李立三、何叔衡、易礼容等人是委员。杨开慧实际上承担了区委的机要和交通工作。

此时的中共除了党组织的建设，另一个工作的重心就是发动工人运动。1921年的8月中旬，我们党在上海成立了"中国劳动组合书记部"，作为领导工人斗争的机关。10月，长沙的劳动组合书记部湖南分部也成立了，主任是毛泽东。

毛泽东对工人运动的经验是缺乏的，但他脚踏实地，有条不紊地将湖南的工人运动开展起来。

湖南原本有一个工人团体叫湖南劳工会，这个团体在湖南工人中较有基础，却受到无政府主义的影响，只做经济斗争，创始人是黄爱和庞人栓，会员发展到了七千人左右。要争取他们是不容易的事，毛泽东仔细分析了情况后认为黄、庞都是五四运动和湖南驱张运动的激进分子，而当时劳工会领导的第一纱厂的工人反对政府把纱厂租给华实公司的斗争失败了，他们正需要有人指导和帮助。毛泽东以这一点为突破口，找专人同他们联系，多次恳谈。在湖南劳工会成立一周年之时，毛泽东同二人商议改组劳工会，并得到了二人的赞同。劳工会在毛泽东的建议和领导下进行了较为彻底的改造，先后成立了土木、机械、印刷等十几个工会，实践"小组织大联合"的设想。经过改组，劳工会进入了一个崭新的发展阶段。

　　1921年12月25日，根据中共中央局的指示，毛泽东通过湖南劳工会和省学联发动了长沙一万多名市民、工人和学生，举行示威游行，反对美、英、日、法等国召开的太平洋会议。

　　毛泽东在指导湖南劳工会的过程中初步获得了领导工人斗争的经验，他开始明白在强有力的党领导下建立工人组织的重要性，所以先后派党的干部组建了粤汉铁路工人俱乐部和安源路矿工人俱乐部。除此之外，长沙手工业工人的工会也相继在湖南党组织的领导下成立了，工会俱乐部的秘书由共产党员来担任。毛泽东亲自担任长沙铅印活版工会的秘书。毛泽东从1922年下半年到1923年年初，先后领导发动了一系列的工人大罢工，湖南工人运动进入高潮。而这其中最典型的就是安源工人大罢工。

　　安源路矿是江西萍乡的安源煤矿和湖南株洲到萍乡的株萍铁路的合称。大约有工人1.7万人。这个铁路与长沙的铁路相通，同长沙的联系较方便，所以由湖南党组织来领导。毛泽东很早就注意到这里的工人，每天劳动长达12个小时，工资低微，事故不断，工人权利没有保障，所受剥削十分残酷。1921年冬天，安源路矿写信给中国劳动组合书记部，请求书记部派人到安源帮助指导。毛泽东便被派到了安源，他下到煤井里，同工人交谈，做朋友，了解工人的疾苦。号召工人们要团结起来争取自己的利益。两次调查后，毛泽东决定把这里作为发展工人运动的基本点，先后派李立三、刘少奇等到安源工作。

毛泽东非常注重先站稳脚跟后开展工作的稳扎稳打的方针，他跟同志们强调要先争取以合法形式开展斗争，当时社会上时兴平民教育运动，他告诉李立三可以趁机办一个工人补习学校，而后又在学校的基础上成立了安源路矿工人俱乐部，李立三任主任。毛泽东先后6次到安源，告诫党员要注意斗争策略，研究罢工方案，工人罢工胜利后，他指示安源党组织，趁着这个机会发展党的组织。1923年4月，毛泽东第七次到安源的时候，中国工人运动已经进入低潮了，京汉铁路工人罢工遭到了吴佩孚的残酷镇压。安源路矿当局也要取缔工人俱乐部，在这个时刻他指示党组织要暂避锋芒，稳重步骤，不轻易罢工，但要摆出蓄势待发的姿态。安源同志根据毛泽东的指示做果然奏效，矿局终于不敢取缔工人俱乐部。

紧接着，毛泽东又领导了长沙的泥木工人罢工。然后他开始筹划成立了全省的工团联合会以便统一领导和组织工人运动。经过两年的锻炼，毛泽东成长为一个成熟的革命家，也展现了出色的领袖才能。当时，陈独秀在总结各地区经验时说：

"就地区来说，我们可以说，上海的同志为党做的工作太少了。北京的同志由于不了解党组织，造成了很多困难。湖北的同志没有及时防止冲突，因而工人的力量未能增加。只有湖南的同志可以说工作得很好。"

## 三、参加革命的大联合

1923年2月的粤汉铁路工人罢工斗争最终失败了，湖南当局取缔了工会，这之后的毛泽东在韶山认真思考和总结了斗争的经验教训，他来到上海，向党组织递交了关于湖南工作的报告。离开上海后，他又去了广州，这是他第一次来到这个南方的革命中心，毛泽东以中共湘区党代表的身份出席了在广州召开的中共三大。

中共三大的中心议题是商讨国共两党合作。其实，早在1922年8月，中共中央已经根据共产国际的意见召开了杭州西湖特别会议，决定共产党同国民党实行合作，二七惨案的教训让共产党人认识到孤军战斗是不够的，要争取一切可能的同盟者。而此时，孙中山领导的国民党在南方建立了根据地，孙中山的个人领袖威望高，共产党对与国民党的合作抱着积极的态度，共产国际也帮助两党合作。

中共三大对于同国民党合作是没有异议的，但在具体合作形式上却发生了激烈的争论，张国焘不同意党内合作的方式，尤其不同意全体党员特别是产业工人加入国民党，这等于取消共产党的独立性。毛泽东不同意他的观点，他认为根据湖南的运动经验，搞联合阵线是必要的，大批的工人、农民加入国民党，正可以改造国民党的阶级成分，并与资产阶级建立联合阵线，完成民族民主革命。大会最终通过了"党内合作"的方式，决定全体共产党员以个人名义加入国民党，但同时保持共产党组织上的独立性。毛泽东被选为中央局秘书，负责"本党内外文书及通信及开会之责任，并管理本党文件，本党一切函件须由委员长及秘书签字"。30岁的毛泽东第一次进入了中共领导核心。

中共三大后，毛泽东受中央委派到湖南执行中共决议，指导湘区委筹备湖南地方的国民党组织。此时的杨开慧独自一人承担着家庭的重担，生活十分清苦。毛泽东回来她自然格外高兴。他们的第二个儿子毛岸青也在这年11月降生了。但相聚总是短暂的，刚住了3个月，毛泽东便要离湘赴沪为参加中国国民党一大做准备。临行前，毛泽东作了一首《贺新郎》表达对妻子的无限深情：

挥手从兹去。更那堪凄然相向，苦情重诉。眼角眉梢都似恨，热泪欲零还住。知误会前番书语。过眼滔滔云共雾，算人间知己吾与汝。人有病，天知否？

今朝霜重东门路，照横塘半天残月，凄清如许。汽笛一声肠已断，从此天涯孤旅。凭割断愁丝恨缕。要似昆仑崩绝壁，又恰像台风扫寰宇，重比翼，和云翥。

1924年1月20日，改组后的国民党召开了第一次全国代表大会，毛泽东是湖南地方组织的代表。他被指定为该会章程审查委员之一，曾就组织国民政府、出版及宣传、设立研究会等问题多次发言。毛泽东的表现受到了孙中山和一些国民党人士的注意和赏识，最终被选为中央候补执行委员。会后，毛泽东被派往上海参加国民党上海执行部的工作，杨开慧带着家人也来到上海和他同住。

上海执行部负责江苏、浙江、安徽、江西、上海等地工作，办公地点在上海法租界。胡汉民、汪精卫等国民党元老分任上海执行部部长，毛泽东是组织部秘书兼代秘书处文书科主任，和他一起工作的还有邓中夏、恽代英、向警予、罗章龙、邵力子等中共党员。

国共两党合作右派是反对的，国民党监察委员张继、谢持等提出了"弹劾共产党案"。针对这种情况，毛泽东本着"都不可隐忍不加以纠正"的原则开展工作。上海执行部成立后第一件事就是对全体党员重新登记，老党员也事同一律，经过重新填表和审查后才能成为新国民党的党员，并发给党证。毛泽东当时负责这件事，他克服了很多困难和阻碍。

随着右派的加紧活动，两党合作的形势更复杂了。孙中山逝世后，以蒋介石、戴季陶、胡汉民为代表的新右派形成了。毛泽东这时从湖南到广州，被推荐担任代理宣传部长。一上任，他立即统一宣传体制，要求各省市宣传部门要定期向中央宣传部报告工作，并通过报刊和交通工具向各省市宣传部布置宣传要点。宣传工作很快有了生机，林伯渠曾欣喜地说，"以前本党对于指导民众运动的宣传不很统一，现在本党比较统一了，可以有效地深入民众指导宣传反帝反军阀了"。

但是，如何维持国共合作的大局？如何对待右派的分裂活动？毛泽东一直在思考着。他在1925年11月21日写了一篇非常重要的文章——《中国社会各阶级的分析》，分析了中国社会的阶级形势，也为中国革命厘清了团结目标。他开篇便提出："谁是我们的敌人？谁是我们的朋友？分不清敌人与朋友，必不是个革命分子。"接下来他逐个分析了中国各个阶级的经济地位以及他们的政治态度。毛泽东认为一切勾结帝国主义的军阀、官僚买办乃是我们的敌人，一切小资产阶级、农民、无产阶级乃是我们的朋友。而中产阶级对革命的态度是矛盾的、摇摆不定的。他直指戴季陶："有一个戴季陶的'真实信徒'（其自称如此）在北京《晨报》上发表议论说，'举起你的左手，打倒帝国主义！举起你的右手，打倒共产党！'乃活画出这个阶级的矛盾惶遽状态。"这个阶级的右翼我们应该当作敌人，即使现在不是，也距离敌人不远。这个阶级的左翼我们应该当作朋友，但要时时提防他们，不要让他们乱了我们的阵线。在大革命时期如此复杂的情形下，毛泽东能有这样的认识是难能可贵的。

## 第三节　在革命中壮大党的组织

### 一、发展壮大农民组织

农民是毛泽东在国民党内工作所关注的一个非常重要的群体。建党初期，毛泽东首先关注工人运动。而彭湃最早在共产党内致力于农民运动，他在广东海丰老家领导成立海丰县总农会，使这里成为大革命时期农民运动发展最好的地区。

但毛泽东没有完全忽视农民，他曾派共产党员到衡山县岳北成立了岳北农工会，会员发展到万余人。毛泽东在中共三大上提出了农民运动问题，他认为湖南工人数量少，但漫山遍野都是农民，中国国民党在广东有基础，无非是有些农民组成的军队，因此，中共也应该注重农民运动，形成广东那样的局面。但由于两党合作事务繁多，当时无暇去做农民工作。

后来毛泽东回湖南做了大量的农民调查，建立农民组织，组织农民做经济斗争，要求增加雇工工资，减轻租额，民主选举农村地方行政人员，等等。因这些活动常与地主土豪发生冲突而遭到土豪劣绅的忌恨，赵恒锡让湘潭县团防局去逮捕毛泽东。当时一个县议会的开明绅士看到了这份密电，就赶快送信给毛泽东，后来毛泽东逃脱了。事后毛泽民的夫人回忆到："那天下午，泽东同志在谭家冲开会……送来信后，家里就派人去谭家冲喊了他。他接到信，又用开水泡点饭吃，轿子是我给他请的。泽东同志先给他们讲好，抬的谁? 抬的郎中。送轿子的人，只一天一夜就回来了。团防局隔了几天才来捉泽东同志，因泽东同志没在家，只开了些钱就了事。"

毛泽东在韶山从事农民运动的实践为他写就《中国社会

各阶级的分析》一文提供了重要依据，在收入《毛泽东选集》时，他这样解释写这篇文章的立意："此文是反对当时党内存在着的两种倾向而写的。当时党内的第一种倾向，以陈独秀为代表，只注意同国民党合作，忘记了农民，这是右倾机会主义。第二种倾向，以张国焘为代表，只注意工人运动，同样忘记了农民，这是'左'倾机会主义。这两种机会主义都感觉自己力量不足，而不知道到何处去寻找力量，到何处去取得广大的同盟军"。

中共中央设有农民部，但主要是在国民党的旗帜下活动。在国民党二大上，毛泽东参加修改了《农民运动决议案》，从此毛泽东对农民问题的认识有了进一步的深化。二大后，毛泽东参加了国民党中央农民运动委员会，被任命为农民运动讲习所所长，给农民讲授"中国农民问题"、"农村教育"等问题，这个时候的毛泽东就提出了"中国国民革命是农民革命"、"土地问题是党的中心问题"的观点。

随着北伐战争的胜利进军，湖南、湖北和江西三省出现了农村革命的高潮，各地纷纷成立农民协会，湖南农民中差不多一半都组织了起来，有农民协会的地方，农民即对土豪劣绅开展减租减息的经济斗争，还有一些宗法制斗争和思想斗争。

农民运动发展了，但问题也来了，一些人攻击农民运动是"痞子运动"，扰乱了北伐后方，陈独秀也批评湖南工农运动过火了，幼稚，妨碍统一战线。毛泽东并不同意，他到湖南各地进行了实地考察，这个知识分子身穿蓝布长衫，脚上蹬着草鞋，在32天的时间里走了七百多公里，遍及湘潭、湘乡、衡山、醴陵、长沙五县，考察后他写出了著名的《湖南农民运动考察报告》，认为农民好得很，而不是糟得很，纠正农民运动是"痞子运动"、农协破坏联合战线的各种错误议论，报告明确提出农民问题只是一个贫农问题，贫农问题又集中在两部分，一部分是资本问题，一部分是土地问题，解决问题的关键不是宣传，而是实行。报告还提出农民革命要建立农民武装，推翻地主武装。

## 二、组织受挫时的坚守

1927年4月12日，蒋介石在上海发动反革命政变，大批共产党员和群众遭到逮捕和屠杀。随后，他在南京另建国民政府，宣布武汉国民政府为非法，发布一号通缉令通缉陈独秀、谭平山、毛泽东等共产党员和一些国民党左派。一时间，宁汉分庭抗礼，此时的北京有张作霖的奉系军阀政府，中国大地上是三足鼎立。对于共产党人来说，既要继续保持和武汉国民政府合作，又要对付蒋介石和张作霖，处境异常艰难。如何对待政权内的不可靠的同盟者，怎样深入进行土地革命成为摆在共产党人面前的急迫问题。

1927年4月27日，中共五大开幕，这次会议批评了陈独秀的右倾错误，强调要争取革命的领导权，但却没有制定切实可行的方案。事实上，仍然把希望寄托在汪精卫、谭延闿等人控制的武汉国民政府和唐生智的军队身上，这次会议将武汉国民政府确认为工农小资产阶级的联盟，在这次会上，陈独秀仍然为党的总书记，而汪精卫还到会发表了讲话。毛泽东在会前和澎湃等议定了一个农村重新分配土地的方案，提交大会，但却被拒绝了，大会虽然肯定了土地革命的重要性，却并没有讨论毛泽东的方案，而且强调土地革命必须征得小资产阶级的同意，即要汪精卫先同意，而汪精卫不可能同意。这个夏天，革命形势异常严峻。

5月21日，长沙一个叫许克祥的小军阀发动叛乱，顷刻之间，湖南有3万人倒在血泊之中，这就是"马日事变"。此时的毛泽东心情非常沉重，"茫茫九派流中国，沉沉一线穿南北"。毛泽东在了解了事变情况后，要求党的同志"回到原来的岗位，恢复工作，拿起武器，山区的上山，滨湖的上船，坚决与敌人作斗争，武装保卫革命"。这是毛泽东很早的上山想法。从中可以看出他领导工农红军上井冈山的端倪。

江南许多地方传来了噩耗，罢工者被杀头，在农村发动农民的学生被用煤油活活烧死，有些左派被绑在树上，被折磨至死，面对这样的惨状，毛泽东潸然泪下。大革命失败了，中共在汉口俄租界召开八七会议，结束了陈独秀的右倾错误，决定举起武装反抗国民党反动派的旗帜。会议决定举行秋收暴动。

## 三、创立"党指挥枪"的原则

创造中国人民的军队是近代中国革命的使命。为此，中国近代民主革命的先行者——孙中山先生，曾为之奋斗一生。但是，孙中山先生的美好愿望终究没有实现，其苦心经营的"国民武力"却被背叛他的蒋介石等改造成了反动军队，并将枪口对准了人民。中国共产党在大革命的失败中，认识到了坚持武装斗争和建设人民的军队的重要性，并勇敢地担负起独立领导中国革命和创建人民军队的艰巨重任。然而，由于党的年幼和缺乏经验，在创建人民军队的过程中，历经了一番痛苦的经验。南昌起义和秋收起义是中国共产党独立地创建人民军队的开端。前者宣告了人民军队的诞生，但还来不及进行具体的人民军队建设，起义就遭到了失败。

1927年8月7日，中共中央在汉口召开紧急会议，会议坚决地结束了陈独秀的右倾机会主义错误在党内的统治，针对陈独秀"始终没有认真想到武装工农的问题，没有想到武装工农的必要，没有想到造成真正的工农军队"的错误，提出建立工农武装、建立革命军队的任务。毛泽东不但参加了八七会议，而且还力主武装斗争和建设人民军队。八七会议后，他又成为秋收起义的领导人，这样，建设一支坚强有力的、听党指挥的人民军队的重任也就自然地落在了他的肩上。然而，建设的道路并不平坦，他没有料到，秋收起义遭受严重挫折。为了保存革命力量，他毅然做出决定放弃继续攻打中心城市——长沙的命令，部队背转长沙，向敌人统治力量薄弱的农村转移。部队当时损失严重，从开始的五千余人减少到一千五百余人，起义部队到达江西永新三湾时，已经不足千人。更令人担忧的是，部队出现了很多问题，"疲劳、困苦、饥饿、惊慌的情绪充满了部队，加上疟疾传遍了每个战士"，"特别是当时政治思想工作薄弱，军心涣散"，这种严重的局面"其结果即使不被强大的敌人消灭，也只能变成流寇"。

毛泽东感到了肩上的责任沉重，但是严峻的局面没有将毛泽东吓倒。他利用半个月的时间对部队进行了详细的考察和分析，他敏锐地意识到，部队中的这种现象都是部队成分的结构性、制度性所产生的弊端。于是，当部队到达永新三湾村时，毛泽东对秋收起义军进行了改编。改变分几个步骤：

第一是缩编部队。采取"愿留则留，愿走则走"的缩编原则。毛泽东出于三种考虑缩编：一是既削减了干部，又节省了开支，可以缓解以后的经济困难；二是把那些不愿意做艰苦斗争、更不愿意上山做长期战斗准备的意志不坚定者清除出去，人虽然少了，队伍却更精了，思想更统一了；三是改编后的部队实质上由原来的雇佣制变成了志愿制，摒弃了旧军人为钱当兵打仗的思想，树立了革命军人无私奉献、忠于人民的新观念。

第二是进行军队制度改革，实现政治建军。主要是思想政治建设层面上建设了三个新型的制度。1．实行党委制，支部建在连上，既实现党对军队的绝对领导，又使共产党的先进性得到了基层的发挥与落实。2．实行新的党代表制。所谓"新"，即在原来党代表制的基础上，规定党委、支部书记任同级党代表，加强了党的领导，改变了原来军政负责人相互监督，甚至对立的现象，实现了军政统一和谐，自然提高了队伍的战斗力。3．实行民主制。这是毛泽东从秋收起义以来就悉心考察的结果，也是中国军事历史上的创举。这个制度针对的是旧军队中官长随意打骂士兵，士兵没有任何政治权利的现象，民主制规定在连队以上设立各级士兵委员会，参与对所部的行政、经济管理和思想政治工作，不准官长打骂士兵，官与兵政治上人格平等，士兵有开会说话的自由，废除一些繁琐礼节，实行经济公开。这个制度使旧军队中官与兵的关系从对立转变为团结，产生了巨大的作用。对此，毛泽东在《井冈山的斗争》一文中曾大加褒扬："红军的物质生活如此菲薄，战斗如此频繁，仍能维持不敝，除党的作用外，就是靠实行军队的民主主义。"

三湾改编是毛泽东对建设人民军队的重要贡献。罗荣桓曾评价说："三湾改编，实际上是我军的新生。正是从这时开始，确立了党对军队的领导。当时，如果不是毛泽东同志英明地解决了这个根本性的问题，那么这支部队便不会有政治灵魂，不会有明确的行动纲领，旧式军队的习气，农民的自由散漫作风，都不可能得到改造。"军魂的缔造者就是毛泽东。他用政治家敏锐的观察力和高超的智慧改造了人民军队，也成功地在党的生死存亡关头挽救了红军，挽救了中国革命，从此，人民军队在井冈山逐渐地生存并不断发展壮大，成为中国共产党走向胜利的光辉起点！

## 第四节　领导根据地建设

### 一、开辟赣南闽西革命根据地

井冈山革命根据地创建后，毛泽东和朱德率领红四军主力三千六百多人，乘国民党来围剿的部队没有形成包围圈之时，离开了井冈山，出击赣南，占领了大余县城。当时国民党追兵来得很快，而且红军脱离了原来的根据地，缺乏群众基础，在这种情况下红军撤出大余，经粤北，转入赣南的信丰、寻乌等地。这段时间是非常艰苦的，毛泽东说："沿途都是无党无群众的地方，追兵五团紧蹑其后，反动民团助长声威，是为我军最困苦的时候"。红军针对敌军轻视并以为红军不能再坚持的想法，采取盘旋式或打圈子的方法，摆脱敌人跟踪，调动敌人，让他们兵力分散，暴露弱点，从而有利于红军抓住机会，集中兵力打歼灭战。果真，在大柏地的战斗中，红军采用口袋战术取得了胜利。但一个月的流动作战，红四军得不到休养生息，很困难，所以当时一个非常重要的想法就是红军必须有自己的根据地。最后决定以赣南、闽西二十余县为范围，采用游击战术，发动群众，形成苏维埃政权割据。赣南闽西地域宽广，境内山多，林木茂密，军队回旋余地大，比较适合发展游击战，而且群众基础较好，物产丰富，能够为军队提供足够的人力物力支持。由此，红军经过艰苦卓绝的斗争，创建了赣南、闽西革命根据地。

在这期间，为了统一全军及党内的思想，红四军在福建上杭古田召开了第九次代表大会。这是红军发展史上的一次重要会议，会议通过热烈讨论，通过了毛泽东起草的8个决议，这就是著名的古田会议决议案。在这次会议上毛泽东当选为红四军前委书记。

古田会议规定了红军的性质、任务和宗旨，将红军定性为一个执行革命政治任务的武装集团，这个集团必须贯彻中国共产党的纲领、路线、方针和政策，服务于人民革命，服务于根据地建设和土地革命。红军的三大任务是打仗、做群众工作和筹款，也就是必须改变过去那种流寇思想。同时，这次会议还确立了党对红军绝对领导的原则，批评"极端民主化"、"非组织观点"和个人主义等错误倾向。红军中要加强思想政治教育，对红军指战员进行马克思主义和党的路线教育，克服非无产阶级思想，提高军队素质。坚持官民平等，实行军队民主。

这个时候，有一些对时局比较悲观的人对于红军到底打得了多久产生了怀疑，林彪在给毛泽东的元旦贺信中还表达了这样的想法，毛泽东给他回了一封信，该信后来被收入《毛泽东选集》时改为《星星之火可以燎原》。在这封信里，毛泽东从中国革命的战略高度阐明了中国革命的发展方向和前途，他批评林彪"没有建立赤色政权的深刻观念，因之也就没有由这红赤色政权的深入与扩大去促进全国革命高潮的深刻的观念"，"单纯的流动游击政策是不能达到促进全国革命高潮的任务"，而有计划地建设政权的，红军游击队与广大农民群众紧密配合地深入土地革命的，政权发展是波浪式向前扩大的政策，无疑是正确的。毛泽东以高瞻远瞩的睿智看到了中国红军生存发展的条件，从而逐步形成了"农村包围城市，武装夺取政权"的正确的革命道路理论。

红四军主力下了井冈山后，用了一年多一点的时间，经过毛泽东和红四军前委的行之有效的策略方针指引，迅速开辟了赣南闽西农村革命根据地，并不断巩固和扩大。

## 二、打破敌人的三次"围剿"

工农武装割据的一个前提是国民党各派军阀之间不断发生混战和分裂。1930年初，蒋、冯、阎、桂四大军阀爆发了空前规模的中原大战，双方投入兵力达到100万。南方用来剿"匪"的军队纷纷调离，这给红军的发展提供了机会。

这段时期，红色政权和革命根据地得到了很大发展，蒋介石极为震惊。中原大战一结束，他就立刻调集兵力向红军根据地发动"围剿"。

第一次围剿国民党投入大军10万人，由鲁涤平率领，采取"长驱直入，分进合击"的战术，向赣西南革命根据地发起进攻。中共罗坊会议确立了"诱敌深入"的方针，"为了向红军指战员和地方干部、群众讲清这个道理，毛泽东同志作了深入艰苦的教育、说服工作，大会讲、小会说，条分缕析，晓以利害，着重说明弱军要战胜强军，是不能不讲求阵地这个条件的"，这是刘亚楼回忆毛泽东向指战员解释作战方针时的情景。鲁涤平来到袁水流域后，扑了个空，找不到红军主力。蒋介石12月上旬到南昌，指挥进剿。但国民党军仍对红军一无所知，在山区中既找不到向导，也找不到粮食。红军则以逸待劳，先得了一个开门红，全歼敌十八师师部和两个旅，近一万人。"万木霜天红烂漫，天兵怒气冲霄汉。雾满龙冈千嶂暗，齐声唤，前头捉了张辉瓒。"这是毛泽东写的脍炙人口的《渔家傲》上阕。后来红一方面军乘胜挥师东进，又向敌第五十师攻击，歼敌三万多人。红军又连续打了几个胜仗，最终取得了第一次反围剿的胜利。

蒋介石震惊之余又派出军政部长何应钦兼任南昌行营主任，指挥湖南、湖北、江西、福建四省"围剿"部队。调集了约二十万人，对红军进行再一次的大规模进攻。这次的战略是"以厚集兵力、严密包围及采取缓进为要旨"，稳扎稳打，步步为营。红军经过研究决定，以坚决的进攻，艰苦的奋斗，长期的作战，以消灭敌人。军民一齐动员，诱敌深入，在8个月的时间里，毛泽东、朱德指挥红一方面军横扫七百余里，从赣江东岸打到闽西北的山区，连续打了5个大胜仗，歼敌三千余人。又取得了第二次反"围剿"的胜利。

第三次围剿蒋介石亲自上阵，率大军三十余万人，"分路围剿，务期先将匪军主力击破，捣其匪巢，然后逐渐清剿，再图根本肃清"，仍然是厚集兵力，长驱直入的作战方法。毛泽东、朱德沉着冷静，集中主力，回师赣南，避敌主力，打其虚弱，虽然红军此时正分散远离原根据地，国民党围剿军队人数比红一方面军多9倍，但红一方面军只用了3个月时间就粉碎了敌人第三次围剿。

在毛泽东正确的"避敌主力，打其虚弱"的方针指导下，在根据地民众配合下，红军取得了歼灭国民党军队17个团，三万余人的胜利，蒋介石的"三个月消灭共军"誓言宣告破产。

## 三、中华苏维埃共和国主席

粉碎敌人的三次大规模"围剿"后，工农武装割据有了很大发展，红军创建并发展了赣南闽西、鄂豫皖、湘鄂西、赣东北等革命根据地，根据地有了一定的规模，这在客观上要求建立一个对各根据地能够统一领导的机构。

1931年11月7日，中华苏维埃第一次全国代表大会在江西瑞金县叶坪村召开，来自各个根据地的代表和设在国民党统治区的全国总工会、全国海员总工会的代表共610人参加了会议，项英致开幕词。

大会主席团决定由任弼时、王稼祥、毛泽东等组成一个宪法起草委员会，依照临时中央有关宪法大纲的原则，会议制定并通过了《中华苏维埃共和国宪法大纲》，大会还讨论了《中华苏维埃共和国土地法》、《中华苏维埃共和国劳动法》、《中华苏维埃共和国经济政策》等法令。大会选举出中央执行委员会，由毛泽东、周恩来、朱德、项英、张国焘等63人组成，会议宣告中华苏维埃共和国成立。大会闭幕时毛泽东致闭幕词。

大会闭幕后，中央执行委员会任命了周恩来、朱德、毛泽东等15人为中央革命军事委员会委员，朱德为主席，王稼祥、彭德怀为副主席，统一领导和指挥红军。中央执行委员会第一次会议又选举毛泽东为人民委员会主席，项英、张国焘任副主席。中华苏维埃共和国临时中央政府设在今天的江西瑞金。

毛泽东虽做了主席，但由于"左"倾错误的影响，他的处境越来越艰难了，他被调到后方工作。在那里，毛泽东同教条主义作了坚决斗争，有人认为"山沟沟里没有马克思主义"。对此，毛泽东说："教条主义真害死人！他们不做实际工作，不接触工人、农民，却要指手画脚，到处发号施令。同国民党打仗，怎样才能取胜？农民为什么会革命？他们懂吗？"

那段日子毛泽东异常艰难，后来他曾对外国朋友谈道："他们迷信国际路线，迷信打大城市，迷信外国的政治、军事、组织、文化的那一套政策。我们反对那一套过'左'的政策"。在这种逆境中，毛泽东并没有气馁，他抓紧时间学习马列理论，认真阅读马列著作，总结中国革命经验。1957年他曾感慨地谈起这段日子："我没有吃过洋面包，没有去过苏联，也没有留学别的国家。我提出建立以井冈山根据地为中心的罗霄山脉中段红色政权，实行红色割据的论断，开展'十六字'诀的游击战和采取迂回打圈战术，一些吃过洋面包的人不信任，认为山沟子里出不了马克思主义。1932年（秋）开始，我没有工作，就从漳州以及其他地方搜集来的书籍中，把有关马恩列斯的书通通找了出来，不全不够的就向一些同志借。我就埋头读马列著作，差不多整天看，读了这本，又看那本，有时还交替着看，扎扎实实下工夫，硬是读了两年书。"

从1931年赣南会议到1934年红军长征，长达三年的时间里，毛泽东虽然出任中华苏维埃政府主席，但实际上一直遭受各种批评和不公正对待，他的许多正确主张被批判为"狭隘经验论"、"富农路线"、"保守退却"和"右倾机会主义"，甚至还被剥夺了工作的权利。这对他是严峻的考验，如果没有坚强的毅力和信念，宽阔的胸襟气度是很难经受住考验的。毛泽东在这些日子里，一直表现得十分从容沉着。他坚持原则，不放弃自己的正确主张，同时又要顾全大局，严守纪律，在自己尽可能的范围内作出自己的努力。在受打击的情况下，无论是在前期漳州和宜乐战役的作战指挥上，还是中期对苏区经济建设、政权建设以及土地改革的领导工作上，包括后期短暂的会昌和于都工作中他都竭尽全力，做出了重要成绩。

毛泽东在土地革命战争时期为党、为红军所作出的巨大贡献和牺牲是党和人民永远不会忘记的，在他的人生历程当中，这也成为他的一段宝贵经历。

# 第三章　全面抗战的领导者

## 第一节　对抗战形势的把握

### 一、对抗战防御形势的分析

1931年，日本发动九一八事变，占领中国东北。1937年，日本发动卢沟桥事变，开始了全面侵华。中国人民也进入了抗日战争的历史时期。针对这场战争的结局，一些人持"亡国论"，认为英国战胜印度，清朝灭了明朝，都是小而强的国家灭了大而弱的国家，所以中国再战下去必然亡国。一些人则持"速胜论"，很多人认为徐州战役就是准决战，中日战争不会旷日持久，对战争抱着过于乐观的态度。毛泽东坚持站在马克思主义的立场上，以英雄无畏的气概和实事求是的精神对这两种观点进行了驳斥，他认为中国能够也必须经过持久的抗战才能取得胜利。1938年5月，毛泽东写下了著名的《论持久战》，这部著作成为指导中国战争取得胜利的重要宝典。在这篇著作中，毛泽东分析了抗战的形势：中日战争是半殖民地半封建的中国和帝国主义的日本之间进行的一场殊死较量。战争的特点是敌强我弱、敌小我大、敌退步我进步、敌人失道寡助而我们是得道多助。敌人强大，日本的经济力和组织力在亚洲是一流的，所以我们不会速胜；但敌人正是法西斯崩溃的前夜，敌人发动的侵略战争是非正义的，他们在下降期，而我们则处于上升期，所以结论是日本必败，中国必胜。毛泽东展现出了作为一个伟大战略家的气魄和分析能力。

从1937年7月到1938年11月是战争的防御阶段，日本几乎动员了全部的军事力量，用"速战速决"的战略企图一举占领中国的大城市和交通线，要在几个月的时间内灭亡中国。中国则在这个阶段力求抵抗住日本的战略进攻，最大限度地消耗敌人的力量，使战争进入持久状态，在这个阶段的结尾，敌人的力量处于竭蹶状态，必然停下来。而对待抗日战争，中国存在着两条不同的路线，一条是片面抗战路线，蒋介石政权的抗战只依靠政府和军队，消极抗战，积极反共；另一条是共产党组成的广泛的抗日统一战线，实行全民总动员，这是一条人民战争路线。

1937年8月22日到25日，中共中央在陕北洛川召开政治局扩大会议，通过了《关于目前形势与党的任务的决定》，《决定》指出，全面抗战爆发后，党的中心任务就是要动员全民及一切力量，争取抗战的胜利。而争取胜利的关键是使抗日战争发展成为全面的全民族的抗战。会议还决定："共产党员及其所领导的民众和武装力量，应该最积极地站在斗争的最前线，应该使自己成为全国抗战的核心，应该用极大的力量发展抗日的群众运动。"会议根据毛泽东的提议，通过了《抗日救国十大纲领》，成为党领导抗日战争取得胜利的重要指针。在这个民族危机的关键时刻，毛泽东为代表的共产党人及时准确地分析了抗战的形势，提出了正确的抗战路线、方针和政策，使全国出现了空前的抗日救亡的高潮，举国上下齐抗战。随后，中国共产党领导抗日队伍在敌后大力发展游击战，广泛建立抗日根据地，打破了敌人"速战速决"的幻想，使战争向持久战的方向转变。

## 二、对相持阶段的策略把握

1938年11月到1943年7月，是艰苦的抗日相持阶段。1938

年9月29日至11月6日，中共中央在延安召开六届六中全会，会上根据抗战形势的变化，分析今后中国抗战的发展趋势，明确了中国共产党在这个阶段的战略任务和策略总方针。

毛泽东在这次会上分析抗战的形势指出："经过15个月的抗战，中国有了很大的进步，但尚未达到足以反攻胜敌的程度；日本已面临重重困难，但尚有余力，国际上虽已给予中国道义和物质上的援助，但国际形势尚未达到最有利。因此，敌优我劣的基本态势还不会很快发生根本性变化，抗战是持久的。但经过武汉会战，敌人的强势已经进一步发挥了，虽然敌人在总的力量上仍将有一些余威，但其兵力不足与分散的根本弱点将更加暴露。"根据这样的分析，日本的进攻已接近一个顶点，相持阶段即将到来。

毛泽东预见到日本在相持阶段会采取新的侵华方针，敌人将从政治上和经济上向我们发动攻势。在军事方针上，敌人"将定时机抽兵进攻游击战争，企图巩固其根据地，使中国反攻困难"。而在政治进攻中，敌人采取的方针将是反蒋反共，建立全国性的汉奸政府，敌人要推翻国民政府，破坏抗日民族统一战线和全国的团结。这个时候的世界把主要精力都放在欧洲，西方的中心议题是解决欧洲问题，东方则不得不暂时放在第二位。在这种情况下，一些国家在一定时期内甚至还有可能同日本进行某种程度的妥协。而关于国内形势，毛泽东强调可能存在很多困难，他告诫全党必须认识到现在和今后的严重问题，一部分人可能会产生悲观情绪，抗战的营垒中还有可能产生意见分歧或者是某些人的动摇叛变。

鉴于以上对于国内国际形势的分析，在抗战相持阶段我们应该维护抗日民族统一战线的团结，中共中央提出"坚持抗战，反对投降；坚持团结，反对分裂；坚持进步，反对倒退"的正确主张。此时国民党顽固派对我根据地进行了反共的军事进攻，毛泽东为代表的中共中央宣布"人不犯我，我不犯人，人若犯我，我必犯人"的策略原则，对敌人予以坚决回击。

1940年3月，在延安高级干部会议上，毛泽东的报告再次提出中国现在的政治形势是正处于抗日相持阶段，敌人已经无力再作大规模的军事进攻。这一年12月，中共中央在党内作出了《论政策》的指示。毛泽东提出了著名的坚持抗日民族统一战线策略总方针："发展进步势力，争取中间势力，孤立顽固势力。"这些重要的指导抗日战争的策略原则，指引中国共产党人在投入全民族抗战的过程中，坚持独立自主，坚持抗战、团结、进步的方针，同顽固派作坚决斗争，争取广大的同盟者，为抗战的胜利提供了正确的理论指导。

## 三、全面反攻阶段指挥若定

1943年7月至1945年9月是中国抗日战争走向胜利的阶段。国际形势在1943年后发生了根本性的变化，世界反法西斯战争进入重大转折阶段，盟军在各条战线展开了大规模反攻作战；而广大中国军民也度过了艰苦的抗战相持阶段，中国的敌后战场逐步恢复和发展，八路军进入局部反攻阶段。

1945年4月，毛泽东发表《论联合政府》，分析抗战胜利前后的国际国内形势："目前的军事形势是苏军已经攻击柏林，英美法联军也正在配合打击希特勒残军，意大利人民又已经发动了起义。这一切，将最后地消灭希特勒，希特勒被消灭以后，打败日本侵略者就为时不远了。……当然应该提起充分的警觉，估计到历史的若干暂时的甚至是严重的曲折，可能还会发生，许多国家中不愿看见本国人民和外国人民获得团结、进步和解放的反动势力，还是强大的。谁要是忽视了这些，谁就将在政治上犯错误。但是，历史的总趋势已经确定，不能改变"，而"法西斯侵略国家被打败，第二次世界大战结束、国际和平实现以后，并不是说就没有了斗争。广泛地散布着的法西斯残余势力，一定还要捣乱；反法西斯侵略战争的阵营中存在着反民主的和压迫其他民族的势力，他们仍然要压迫各国人民和各殖民地半殖民地，所以国际和平实现以后，反法西斯的人民大众和法西斯残余势力之争，民主和反民主之争，民族解放和民族压迫之争仍然充满世界的大部分地方。只有经过长期的努力，克服了法西斯残余势力、反民主势力和一切帝国主义势力，才能有最广泛的人民的胜利"。

除了国际形势，毛泽东还分析了国内形势："中国的抗日战争，使中国人民付出了并且还将付出重大的牺牲，但是同时，正是这个战争，锻炼了中国人民。这个战争促进了中国人民的觉悟和团结的程度，是近百年来中国人民的一切伟大的斗争没有一次比得上的。在中国人民面前，不但存在着强大的民族敌人，而且存在着强大的实际上帮助民族敌人的国内反动势力，这是一方面；但是另一方面，中国人民不但已经有了比过去任何时候都高的觉悟程度，而且有了强大的中国解放区和日益高涨着的全国性的民主运动，这是国内的有利条件。如果说，中国近百年来一切人民斗争都遭到了失败和挫折，而这是因缺乏国际和国内的若干必要的条件，那么，这一次就不同了，比较以往历次，一切必要的条件都具备了，避免失败和取得胜利的可能性充分地存在着。如果我们能够团结全国人民，努力奋斗，并给以适当的指导，我们就能够胜利"。毛泽东自豪地预言："中国人民克服一切困难，实现其具有伟大历史意义的基本要求的时代，已经到来了。"

针对这样的国际国内形势，中国共产党今后的任务是继续坚持抗日民族统一战线，坚持马克思列宁主义的政治路线："放手发动群众、壮大人民力量，在我党的领导下，打败日本侵略者，解放全中国，建立一个新民主主义的中国"。这一路线明确了中国革命今后的目标、主要队伍和领导力量以及今后的方向，是党的正确纲领和指南，为夺取抗日战争的最后胜利以及新民主主义革命的胜利奠定了基础。

## 第二节　领导抗日战争的伟大实践

### 一、抗日根据地建设是保障

战争是人力、物力的较量。而人力、物力资源是需要根据地不断提供保障的。古往今来，每一个政治军事集团能否在复杂的军事政治斗争中站稳脚跟，面对强大的敌人能否立于不败之地，都与能否建立一个强大巩固的根据地密切相关。根据地的建设是在战争中能否生存发展、克敌制胜的根本所在。

黄巢曾是盛极一时的农民军领袖。他采取"避实击虚"的方针，在山东两次流动作战，经过长途辗转，一度占领唐朝都城长安。但因为在长期流动中并未建立稳固的根据地，所以当唐朝军队围攻长安时，农民军因为外无援兵，内无粮草，加之朱温叛变最终归于失败。明末农民起义领袖李自成率部队入川后，转战陕南、湖北、河南，占据湖北襄阳，又经河南攻占西安，1644年经山西进入北京，东奔西突，没有稳固根据地，不久即为清兵和吴三桂联合打败。这两个教训让毛泽东印象非常深刻，他将这两种起义方式称为流寇主义，而历史上的许多流寇主义的农民起义最后都没有成功。毛泽东认为这是不可取的战争方式，其实早在秋收起义失败后，毛泽东去当革命的山大王，建立根据地的想法就逐渐酝酿产生了，经过了建立小块红色政权的实践，毛泽东总结了中国革命的工农武装割据的思想。全面抗战后，他将这一思想实践在抗日战争过程中，他对刘伯承、邓小平说："太行山就全交给你们了，由你们来当山大王"。毛泽东在许多理论著作中总结了这一思想，土地革命时期，毛泽东在《星星之火，可以燎原》中指出："单纯的流动游击政策，不能完成促进全国革命高潮的任务，而朱德毛泽东式、方志敏式之有根据地的，有计划地建设政权的，深入土地革命的，扩大人民武装的路线是经由乡赤卫队、区赤卫大队、县赤卫总队、地方红军直至正规红军这样一套办法的，政权发展是波浪式地向前扩大的，等等的政策，无疑义地是正确的"。他批评了那些赞成流动作战，忽视在游击区建立红色政权的想法。他在《抗日游击战争的战略问题》中指出："根据地，是游击战争赖以执行自己的战略任务，达到保存和发展自己、消灭和驱逐敌人之目的的战略基地。没有这种战略基地，一切战略任务的执行和战争目的的实现就失掉了依托……没有根据地，游击战争是不能够长期地生存和发展的。"这些光辉思想，成为抗日战争时期扎实地开展创建、发展敌后根据地的重要指导方针。

抗战时期，在毛泽东的指导下，根据地建立了抗日民族统一战线政权，政治上实行三三制原则，即在保证共产党员在政权中领导地位的前提下，在国家政权机关中实行共产党员、非党左派进步分子、不左不右的中间派各占三分之一。地方实行民主选举。在军事建设方面，八路军、新四军从抗战初的三四万人，发展到抗战胜利时的一百二十多万正规军和二百多万民兵、游击队。

"革命战争是群众的战争，只有动员群众才能进行战争，只有依靠群众才能进行战争"，毛泽东的这一理论成为根据地建设的重要指导。他非常重视发展根据地生产，改善民生，经济工作的重心也正在于此，"减租和生产两大任务是否完成，将最后地决定解放区政治军事斗争的胜负"。

根据地的经济建设主要有三种方法，第一是领导农民开展土地革命，分配土地给农民，以此提高农民的积极性和劳动热情，增加农业生产，保障工人的利益。第二是建立合作社，发展贸易，解决根据地人民的穿衣、吃饭问题、柴米油盐问题、住房问题、婚姻问题。一切群众的实际生活问题需要经济建设得以解决。第三是军队和政权机关直接参加生产劳动。1941年，根据地进入了极度困难的时期，日伪军对根据地实行"三光"政策和铁壁合围，蒋介石对根据地实行军事包围和经济封锁。面对这样的困难，毛泽东和朱德号召根据地军民"自己动手，丰衣足食"，学习诸葛亮渭水屯田，轰轰烈烈的大生产运动开始了。经过艰苦卓绝的根据地建设，红军摆脱了敌人的封锁，力量不断发展壮大，为争取抗日战争胜利奠定了坚实的基础。

## 二、游击战争显神威

中国共产党在土地革命战争时期实行游击战，而抗日战争时期也坚持游击战，其方法却有很大不同。土地革命战争时期红军的游击战战术之一是分兵以发动群众，集中以应付敌人。这是因为当时的红军力量弱小，所以基本上是集中兵力而非分散兵力。而在抗日战争时期，毛泽东根据抗日游击战的特点，提出分散兵力创造根据地发动群众为主的思想。

抗日战争在敌我力量对比没有发生根本变化之前，毛泽东为八路军制定的作战方针是"基本的是游击战，但不放松有利条件下的运动战"。运动战在敌我力量对比悬殊的情况下是不合适的，当时八路军只有几万人，敌人则武器装备精良，运动战等于是以我之所短击敌之所长。毛泽东所主张的是独立自主的山地游击战，要分散兵力，而不是以集中打仗为主要作战方针。根本方针是争取群众、组织群众的游击队，在这个总方针前提下实行有条件的集中作战。

是分散兵力创建根据地，还是集中兵力打运动战，毛泽东和中央一部分军事干部曾经发生过严重的争论。毛泽东一再强调抗日战争的前期应该是集中兵力比分散使用兵力多。而需要指出的是，分散兵力创造根据地为主并不是绝对的。分兵为主，但要保留一定数量的野战兵作为抗战的战略机动力量，让野战兵成为执行有利条件下运动战的拳头。分散使用兵力也并不是就不打仗。建立根据地不消灭日伪军的有生力量，那是一句空话，发动群众建立根据地方针本身就是为了缩小敌占区，尽可能地打击日伪军，所以不能将建立根据地和打仗两者绝对地对立起来。八路军、新四军不仅分兵发动群众，而且要分兵应付敌人，而在敌我力量没有发生根本变化之前，集中作战机会确实不多，这也是承认抗日游击战的性质。毛泽东形象地说游击战是"麻雀满天飞"。战略防御阶段，毛泽东提出"多打小胜仗，兴奋士气，用以影响全国"。战略相持阶段他则要求根据地主力军地方化，地方上创建武工队等形式都是毛泽东这一战略思想斗争的贯彻。

其实土地革命战争时期，毛泽东也并不反对分兵，而分兵需要好一点的环境和比较健全的领导机关，这个时候分散比集中更有利。而在抗战时期，中国的战争环境使得分散兵力的条件具备了，一是中国的环境是敌人用少量的兵力占领我国广袤的国土，在占领区留下很多空隙，军民有普遍的抗日热情；二是从领导机关上看，经过了十年的土地革命，中国共产党锻炼出了一大批优秀的拥有丰富作战经验的指挥员。分兵成为必要和可能，抗日游击战自然上升到战略高度，而战略反攻阶段只有分兵发动群众，广泛创建抗日根据地，不断积聚和壮大人民群众力量，削弱和消灭敌人的力量，最终才能达到敌我力量发生根本变化的目的。而分兵建立根据地是发展和壮大人民力量的不二法门。

# 第四章　新中国的缔造者

## 第一节　建立和巩固人民政权

### 一、争取和平未果

1945年，抗战胜利了，但是举国期盼的和平却没有到来。日本人投降了，国内的气氛却紧张起来，人民期盼和平民主，但国民党统治集团则坚持蒋介石的独裁统治，继续走半殖民地半封建的老路，而中国共产党及其领导的人民革命力量显然是他们实现目标的主要障碍，以武力来消灭共产党是蒋介石集团的既定目标。但抗战结束之后，蒋介石的部队远在西南、西北大后方，运送军队到前方需要一段时间，加上对中国政治有很大影响的美国和苏联都希望中国能够实行和平建国，因此蒋介石邀请毛泽东去重庆谈判，商讨和平建国。此一举有三大目的：一是为了掩盖其正在进行的内战准备，二是为了诱使中共交出人民军队和政权，三是如果谈判不成，就将战争的责任转嫁给中共。

一些共产党的领导人不赞成毛泽东去重庆，认为没有美国对毛泽东在重庆的安全保证和斯大林的强有力斡旋，毛泽东就不应该去谈判。毛泽东则为了争取和平民主，决定去重庆谈判。在中共七大的时候，他就提出，对蒋介石要采取"洗脸"政策，而不是"杀头"政策。中共中央发表对时局的宣言，明确提出"和平、民主、团结"的口号。毛泽东对在延安准备回到前线的同志说："回前线去战斗，不要为我在重庆的安全担心。实际上，你们的仗打得越好，我的安全越有保障，与蒋介石的谈判就越能成功。"

1945年8月，毛泽东以惊人的胆识亲赴重庆，他生平第一次走上飞机，第一次进入蒋介石统治的地区，经过艰苦的谈判，最终于10月10日，国共双方签订了一个《会谈纪要》，即著名的《双十协定》。协议确认和平建国的基本方针，同意长期合作，避免内战。

但人民的和平愿望、共产党的和平努力被接下来蒋介石发动的内战撕得粉碎。1946年夏，在做好了战争准备后，蒋介石对我根据地发动进攻，他们的方针是：先接收关内，控制华东和华北，然后进兵关外，独占东北。先在关内大打，再在关外大打。面对蒋介石的大举进攻，毛泽东同朱德、周恩来等领导中国人民解放军积极进行防御作战，集中优势兵力，各个歼灭敌人。1947年3月到1948年3月，毛泽东同周恩来、任弼时转战陕北，指挥西北战场和全国的解放战争。

解放战争的第一年是人民解放军的防御阶段，此时的国民党军队有430万人，而人民解放军连同地方武装在内只有120万人，且在武器装备上国民党军有精良的美式装备，而我军则是小米加步枪。国民党军队先是对我晋冀鲁豫、晋察冀、华东、东北和中原地区发动全面进攻，毛泽东和中共中央制定以歼灭敌人有生力量为主，而不以保守占领地为主的正确策略方针，经过了8个月的机动作战，国民党军受到了沉重打击。全面进攻失败后，国民党军从1947年3月后改为重点进攻，即主要对陕甘宁和山东解放区进攻，虽然曾经占领延安，但并未达到消灭共产党的目的，其自身的力量却在下降。

到了解放战争的第二年，人民解放军进入战略进攻阶段。这个重要的转折点便是刘邓挺进大别山。刘伯承、邓小平率领晋冀鲁豫野战军主力强渡黄河，挺进大别山，大别山是国民党心脏统治区，占领这一地区，上可以牵制南京，下可以连接武汉。随后，陈赓、谢富治兵团挺进豫西；陈毅、粟裕率领华东野战军主力挺进豫皖苏边区，三路大军在江淮河汉之间展开品字形阵势，互为犄角，相互策应，将战争从我解放区引向国民党统治区，开辟了广大的中原解放区，直接威胁国民党军后方和心腹地带，国民党军队的进攻转入被动。

解放战争的第三年，人民解放军与国民党军队进行了战略大决战。济南战役是战略决战的序幕，从1948年9月到1949年1月，我人民解放军连续发起辽沈、淮海、平津三大战役，相继歼灭国民党军在东北、华北和华东战场上的主力，解放了东北、华北和长江以北的大部分地区。在这个阶段，人民解放军总兵力发展到400万人，而国民党军却下降到200万人。无论是数量还是质量上，人民解放军都大大超过国民党军。这个时候的国民党统治已经是一触即溃的状态。

解放战争进入第四年，人民解放军发起渡江战役，占领南京，并以秋风扫落叶之势对国民党军进行战略大追击。1949年10月1日，全国尚未全部解放之时，中华人民共和国在北京宣告成立。残存在华东、中南、西南、西北等战场上的国民党残部于1950年6月被歼灭，少量残余逃亡台湾。1951年，西藏宣布和平解放。至此，人民解放军在以毛泽东为核心的中国共产党领导下完成了解放中国的任务，新民主主义革命胜利了，中国人民从此站起来了！

## 二、新中国的诞生

中华人民共和国的成立标志着中国共产党成为全国范围内的执政党，毛泽东为中国人民的解放事业做出了巨大贡献。但国民党离开大陆后给中共留下了一堆烂摊子：新的政权如何建设，社会主义道路如何探索，人民民主和国家强盛该如何实现，这都是摆在中国共产党人和毛泽东面前的难题。

1949年9月21日至9月30日，第一届中国人民政治协商会议全体会议在北平召开。这次会议通过了《中国人民政治协商会议共同纲领》，纲领具有临时宪法的性质。该会以无记名投票的方式选出了新的中央人民政府委员会的主席、副主席和委员，毛泽东当选主席，朱德、刘少奇、宋庆龄、李济深、张澜、高岗当选为副主席，其他56人当选为中央人民政府委员。这一年是毛泽东生涯的分水岭。

政府成立了，但共产党人面临的考验是能不能巩固新生的政权，国民党撤退时留给大路一百多万的军队、二百多万的政治土匪和六十多万的特务分子；城乡的经济秩序非常混乱，能不能迅速地恢复和发展经济成了关键难题；美国为首的西方资本主义阵营对华采取政治上孤立、经济上封锁、军事上威胁的政策，妄图搞垮新中国。而早在中共七届二中全会上，毛泽东就向全党指出"敌人的武力是不能征服我们的，这点已经得到证明了。资产阶级的捧场则可能征服我们队伍中的意志薄弱者"。能否保持艰苦奋斗的作风，能否保持谦虚、谨慎、不骄不躁的作风，能否经得住敌人的糖衣炮弹是共产党人的崭新课题。

新的人民政府在毛泽东的领导下努力开创政权建设的新局面。首先是完成民主革命的遗留任务，随着解放战争的进行，先后对三亿多无地少地的农民实行土地改革，农民获得土地，翻身做了主人。开展镇压反革命，肃清大陆的特务和土匪，人民新政权焕然一新。新中国没收官僚资本，确立了社会主义国营经济的领导地位，稳定物价，统一财经，初步建立起了集中统一的国家财政管理体制。刚刚诞生的社会主义国家在对外政策上采取"一边倒"的战略，即鲜明地倒向社会主义阵营，并同苏联签订了《中苏友好同盟互助条约》，与苏联建立了新型的同盟关系。1950年6月，朝鲜战争爆发，美国将战火烧到了鸭绿江边，中国政府毅然作出了保家卫国、抗美援朝的决定。

彭德怀被任命为中国人民志愿军司令员兼政治委员。中朝两军和两国人民经历了近三年的艰苦战争和谈判，终于迫使美国在停战协定上签字。抗美援朝的胜利为新中国赢得了一个相当长时期的稳定和平环境。面对敌人的糖衣炮弹，共产党员队伍的整风工作非常重要，从1950年到1951年，全党范围开展了整风运动，批评那些居功自傲的错误思想，并在1951年底到1952年开展了以反贪污、反浪费、反官僚主义为主要内容的"三反"运动，处决了一批严重的贪污犯。这些举措对于执政条件下的共产党人的革命精神保持起到了重要的促进作用。

毛泽东领导新政府的这些有力措施取得了显著成效，证明了共产党人能够经受住执政的考验，一些对新中国持怀疑态度的人开始相信新的人民政权，跟党走，走出一条通向中华民族伟大复兴的康庄大道。

## 第二节　指挥国家各项建设

一、确立人民民主专政国体

人民民主专政理论是毛泽东关于新中国政治体制的重要理

论。它是把马克思主义关于建立无产阶级专政的国家政权学说同中国具体国情相结合的产物，也是中国近代以来革命经验的历史总结。其基本内涵是：

第一，新中国的国体是人民民主专政。毛泽东认为，旧中国的社会性质是半殖民地半封建，经济文化十分落后，阶级关系特殊又极其复杂，在这样一个国家里进行民主主义革命，胜利以后仅仅建立工农联盟的无产阶级专政的国家政权，将整个资产阶级当成革命专政的对象，是不符合中国国情的。资产阶级作为一个阶级，总是存在以其本阶级为主体革命思想的幻想，但是，资产阶级共和国的道路在中国是行不通的。中国革命的历史决定了革命胜利后的国体，既不可能是原来的大地主大资产阶级专政，也不可能是无产阶级一个阶级的专政，必须是工人阶级领导的，以工农联盟为基础的新型的国家政权。工人阶级因为最有远见、大公无私、最富于革命的彻底性而应该成为人民民主专政的领导力量。政权的阶级基础是工人阶级、农民阶级和城市小资产阶级的联盟，工农两个阶级的联盟是主要的，因为他们占了整个中国人口的80%至90%，推翻帝国主义和国民党反动派主要靠他们的力量，实现新民主主义向社会主义的过渡也主要依靠他们。但是教育农民是个严峻的问题，因为分散的农村经济使农民既是劳动者，也是私有者，这种经济地位决定了必须要对农民进行长时间的和耐心细致的工作才能实现农业的社会化和现代化。除此以外，人民民主专政还应该包括无产阶级和民族资产阶级的联盟，由于民族资产阶级具有两面性，他们可以参加政权，却不应当在国家政权中占据主要地位。以上为人民民主专政的阶级关系即国体。

第二，关于国家的政体，即国家政权的组织形式，毛泽东提出采取民主集中制，不采用资产阶级议会制。他认为："议会制，袁世凯、曹锟都搞过，已经臭了。我看我们可以这样决定，不必搞资产阶级的议会制和三权鼎立，而应当建立民主集中制的各级人民代表会议制度。"

第三，关于新中国的国家结构形式，毛泽东根据中国长久以来的统一多民族国家特征，认为应该在统一国家内施行民族区域自治制度，这既有利于民族平等的实现，也利于各民族的团结。中国不是邦联，但民族区域可以行使自己民族的自治权力。

第四，关于政党制度，新中国成立前，中国共产党就和各民主党派和无党派人士建立了很好的合作和协商关系。1949年1月22日，各民主党派领导人和无党派人士代表55人发表联合声明，一致表示愿在中国共产党领导下，尽自己的绵薄之力，为争取独立、自由、和平和幸福，新中国的早日实现而共同努力奋斗。各民主党派积极响应中共中央的号召，积极参与新中国建设。在这种良好合作关系基础上，中国共产党领导下的多党合作和政治协商制度基本确立了。

以上四种制度构成了新中国的基本政治制度框架，国体是工人阶级领导的、以工农联盟为基础的人民民主专政的国家制度，这是最根本的政治制度，这符合中国的实际情况和广大人民的根本利益，有着极大的优越性。随着1956年社会主义改造的完成，以生产资料公有制为主体的社会主义基本经济制度在中国确立了，从此中国进入了社会主义社会。这一制度的全面确立，为巩固中国革命成果、新中国的现代化建设和进一步发展创造了良好的政治前提和制度基础。

## 二、建立政治制度框架

一个国家的国体必须通过一定的政体，即一定的政权组织形式来实现。人民代表大会制度就是实现人民民主专政的组织形式，即新中国的政体。毛泽东认为，人民代表大会制度是最适合人民民主专政的国体的政权组织形式。在这个制度下，国家经过普选产生的人民代表组成人民代表大会，成为行使国家权力的机构。"只有这个制度，才能既表现广泛的民主，使各级人民代表大会有高度的权力，又能集中处理国事，使各级政府能集中地处理被各级人民代表大会所委托的一切事务，并保障人民的一切必要的民主活动。"

1954年9月，第一届全国人民代表大会第一次会议胜利召开，大会通过了《中华人民共和国宪法》，确认全国人民代表大会是最高国家权力机关，全国人大常委会是其常设机关，而执行机关就是最高国家行政机关——国务院。国家主席、副主席、全国人大常委会、国务院、国家军委、最高人民法院和最高人民检察院都由全国人大选举产生。人民代表大会制度作为一项国家的根本政治制度确立了下来，这也是毛泽东国家政体思想由理论变成实践的结果。这是人民政权建设和人民民主政治建设的一个重要里程碑。

中国共产党领导下的多党合作和政治协商制度是国家的基本政治制度，也是政治和谐的重要保障。毛泽东指出，中国革命在取得胜利以后，还要加强同各民主党派的团结与合作，共产党和民主党派应该长期共存、互相监督。这一点成为全党思想和工作上的指针。首先，共产党和民主党派有着共同的政治基础，新中国成立后，共产党成为执政党，各民主党派修改了各自的党章，取消了原来的政治纲领，宣布接受《共同纲领》作为自己的政治纲领，这成为共产党和民主党派共同的政治基础。毛泽东说："只要谁肯真正为人民效力，在人民还有困难的时期内确实帮了忙，做了好事，并且是一贯地做下去，并不半途而废，那么，人民和人民的政府是没有理由不要他的，是没有理由不给他以生活的机会和效力的机会的。"其次，各民主党派代表来自不同方面，他们能够对社会中的各种利益和矛盾起到很好的调节作用，通过民主党派的工作，可以解决社会中大量存在的非对抗性矛盾，有利于团结和调动全社会力量为社会主义建设服务。兼听则明，毛泽东强调来自党外和权力之外的批评与监督，"对党，对人民，对社会主义比较有利"。

我国是一个由多民族构成的民族大家庭，在长期的历史发展过程中，民族之间交流、迁徙形成了现在的各民族交错聚居和大杂居小聚居的局面，这是各民族在祖国大家庭中团结合作的有利条件。毛泽东根据历史经验将民族区域自治作为解决民族问题的基本政策，并且将其作为国家政权中的一项基本政治制度。他认为，坚持民族区域自治才能坚持民族平等，有了民族平等才能巩固民族团结。毛泽东指出民族问题上的两种错误倾向：一个是大汉族主义；一个是地方民族主义。二者都是不利于各族人民团结的。不论是大的民族还是小的民族，我们都要和他们团结，他告诫全党："汉族和少数民族的关系一定要搞好。这个问题的关键是克服大汉族主义"，因为"只要汉族同志态度正确，对待少数民族确实公道，在民族政策上、民族关系的主场上完全是马克思主义的，不是资产阶级的观点，就是说，没有大汉族主义，那么，少数民族中间的狭隘民族主义观点是比较容易克服的"。除了处理民族关系问题上的观念调整，毛泽东还要求全党同志要积极帮助少数民族发展自身的经济和文化，这是共产党一项重要任务。毛泽东的这些民族思想对我们今天正确处理民族关系依然有着重要的指导意义。

建国之初，基层群众自治制度有了雏形。刚刚诞生的人民政权面临十分艰巨复杂的任务。一方面，要肃清一切敌视人民民主专政政权的反动势力的破坏活动；另一方面，政府要充分调动广大人民群众参政议政的积极性。为了实现上述目标，建立有效的基层政权组织形式就格外重要。城市居民委员会在这种情况下应运而生了。

早在1949年底到1950年初，一些城市中就出现了由群众自己组织起来的防护队、防盗队和居民组等名称不同的群众性自治组织。1950年之后，天津市、湖北省先后建立了居民小组和居民代表委员会。但是，这个时期的居民委员会规模不同，职能并不统一，甚至出现了负面影响。

为了克服上述不正常现象，1953年6月8日，彭真专门给毛泽东等中央领导同志写了一个报告，题目为《关于城市街道办事处、居民委员会组织和经费问题的报告》。报告提出居民委员会的性质任务和改造的办法。毛泽东和其他中央领导同志同意了这个报告。此后，各个城市陆续建立了居民委员会，名称逐渐统一，性质上属于基层群众性自治组织。在1954年12月召开的第一届全国人大常委会第四次会议制订了《城市居民委员会组织条例》，这是我国第一次用法律的形式肯定居民委员会的性质、地位与作用。《条例》的贯彻实施，有力地推动了城市居民委员会组织的建设和发展。到1956年年底，这个组织在全国各个城市普遍建立起来，而且逐步得到进一步巩固和完善。

## 三、促进社会经济新发展

实现社会主义工业化是建设新国家的伟大理想。新中国成立后，毛泽东领导建立了独立的、比较完整的工业体系和国民经济体系。面对建国初一穷二白的经济，毛泽东说："现在我们能造什么？能造桌子椅子，能造茶碗茶壶，能种粮食，还能磨成面粉，还能造纸，但是，一辆汽车、一架飞机、一辆坦克、一辆拖拉机都不能造"。由于缺乏独立的工业体系，许多重要工业品不得不长期依赖进口。我国从"一五"计划时期开始，一直到"四五"时期，进行了大规模的工业建设，逐步建成了一批门类比较齐全的基础工业项目，领域涉及到冶金、机械、汽车、石油、煤炭、通讯、电力、国防、化学等各个领域，这一时期的建设为国民经济的进一步发展打下了非常坚实的基础。我国在铁路和交通运输等基础设施建设上也取得了明显的进展。1964年国家开始施行"三线"建设，既增强了国防力量，也初步改善了工业布局。经过工业化的实践，中国不仅能够自主设计和批量生产汽车、飞机、坦克、拖拉机等设备，而且成功地试爆原子弹、氢弹，成功发射中远程导弹和运载火箭。与此同时，新中国还通过大规模水利建设、开展基本农田建设、培育推广优良品种、提倡科学种田等较大幅度地提高了我国的农业生产水平和抵御自然灾害的能力。中国建立了比较完整的工业体系和国民经济体系，这是中国在赢得了政治独立之后的经济独立，为以后的快速发展奠定了重要的物质技术基础，也为中国同外国、包括发达国家，在平等原则基础上发展经贸往来创造了前提条件。从建国二十几年的各项经济发展指标来看，我国都取得了巨大的成绩。从1952年到1978年，我国工业总产值平均年增长率为8.2%，工业总产值平均年增长率为11.2%，这一发展速度居于世界前列。从主要工业品的产量来看：钢产量从建国初的16万吨发展到1976年的2046万吨；发电量从建国初的43亿度发展到1976年的2031亿度；原煤从建国初的3200万吨发展到1976年的4.83亿吨；原油从建国初的12万吨发展到1976年的8716万吨；1955年汽车年产100辆，发展到1976年的年产13.52万辆。这些经济增长，在旧中国是不可想象的。在全国人民的共同努力下，我国的主要工农业产品产量，如谷物、棉花、猪牛羊肉、化学纤维、布匹、煤、原油、发电量、钢铁、水泥、硫酸、化肥均在世界前十名。除了少数农副产品产量位次稍有退步外，其他都明显提前了。

在毛泽东的领导下，新中国成立以后，人民的物质文化生活水平得到显著提高。中国共产党和人民政府始终把满足人民的基本生活需要作为经济发展的根本目标。从1949年到1976年，主要粮食的人均占有量从418斤增加到615斤，我国初步满足了占世界1/4人口的基本生活需求，在全国人民节衣缩食搞国家工业化和基础建设的情况下能取得这样的成绩是世界上公认的奇迹。我国的教育事业得到了长足发展，至1976年截止，我国小学在校生从建国初的2439人发展到1.5亿人；中学学生从103.9万人发展到5836.5万人；高等学校在校生从11.7万人发展到67.4万人。我国劳动者的整体素质得到显著提高，医疗卫生事业蓬勃发展。到20世纪50年代后期，我国农村普遍建立了县、区（社）两级卫生医疗机构，60年代时又在大多数生产队建立了农村基层医疗卫生机构。通过全国人民的努力，全国人口死亡率从1949年的20‰下降到1976年的7.25‰。总之，在建国二十几年的建设中，尽管我们走了一些弯路，犯了一些错误，但经过社会主义革命和建设，我国大大缩短了同发达资本主义国家在经济发展方面的差距。而毛泽东作为中国社会主义事业的领导者和伟大领袖，建立了不可磨灭的功勋，他的丰功伟绩将永载中华民族伟大复兴的光荣史册！

# 第五章　中国特色社会主义的探索者

## 第一节　关于社会主义的若干理论

### 一、探索马克思主义中国化伟大道路

中国特色革命道路的开辟是中国共产党人不断把马克思主义的基本原理同中国的实际相结合的结果。也就是，不断探索马克思主义中国化的过程。

20世纪20年代末30年代初，中国革命走入低谷，中国共产党面临严重的考验，这个时期，严重的教条主义"左"倾错误使党付出了沉重的代价。毛泽东指出教条错误的同时明确指出，既然要以马克思主义为指导，就必须同中国具体相结合。"没有调查就没有发言权"、"中国革命斗争的胜利要靠中国同志了解中国情况"，这些至理名言成为马克思主义中国化的

理论先导。

建国后，毛泽东从中国的具体国情出发，实现革命的转变，成功完成新民主主义向社会主义的过渡。在长期的革命实践中，正是以毛泽东为代表的共产党人坚持实事求是路线，不照抄马列经典作家的"本本"，不照搬俄国社会主义革命的模式，从中国近代社会的半殖民地半封建具体国情出发，不断总结中国革命的独创性历史经验，运用马克思主义的基本原理，才开创出了一条有中国特色的革命道路，实现了马克思主义中国化的第一次历史性飞跃。

## 二、丰富社会主义矛盾学说

1956年，我国从新民主主义社会进入到社会主义社会以后，中国社会的各个方面都产生了非常深刻的变化，社会主义处在一个重大的历史转折期。就这个时期的基本矛盾而言，毛泽东认为，"在社会主义社会中，基本的矛盾仍然是生产关系和生产力之间的矛盾，上层建筑和经济基础之间的矛盾"，这两者之间既相适应又不适应，但却是非对抗性的矛盾，而不是资本主义社会的对抗性矛盾，我们可以通过改革和不断调整生产关系与生产力、上层建筑与经济基础之间不相适应的方面来使社会主义制度得到自我完善和发展，从而不断解放和发展生产力，巩固和扩大社会主义经济基础。

毛泽东在具体解释上述矛盾时说："敌我之间的矛盾是对抗性的矛盾。人民内部的矛盾，在劳动人民之间说来，是非对抗性的；在被剥削阶级和剥削阶级之间说来，除了对抗性的一面以外，还有非对抗性的一面。"在我国，大量存在的是人民内部矛盾，如何正确处理这一矛盾就是我国政治生活的主题。正确处理人民内部矛盾，并在这个过程中使社会主义社会内部的统一、团结日益巩固。为了解决新时期条件下的社会主义社会各种矛盾，毛泽东提出了一系列有深远影响和指导意义的正确处理社会矛盾的方针原则：针对存在于人民内部思想政治领域和物质利益分配领域的矛盾，要采取"团结—批评—团结"和"统筹兼顾、适当安排"的方法，对于共产党和民主党派的矛盾，采取"长期共存、互相监督"的基本方针；针对文化科学领域的矛盾，毛泽东提出"百花齐放、百家争鸣"的方针，等等。总之，就是要调动一切积极因素，团结一切可能团结的人，尽可能地将消极因素转变为积极因素，为建设社会主义伟大事业服务。这就是正确处理社会主义社会基本矛盾和两类不同性质矛盾、建设社会主义的总方针。坚持这样的方针，毛泽东说，就是想造成一个又有集中又有民主，又有纪律又有自由，又有统一意志又有个人心情舒畅、生动活泼，那样一种政治局面。这些理论对我们今天创建社会主义和谐社会提供了非常重要的科学方法和理论依据。今天，在人民内部出现各种各样的矛盾、冲突尤其是利益矛盾的时候，我们需要更加积极主动地正视这些矛盾、化解矛盾，统筹兼顾，适当安排，将和谐因素最大限度的增加，最大限度的减少不和谐因素。

毛泽东还提出了社会主义初级阶段的说法。他根据我国人口多、底子薄的特殊国情，将社会主义划分为不发达的社会主义和比较发达的社会主义两个阶段，这就是他的社会主义阶段论。尽管这一理论没有更多发挥，很快淹没在"大跃进"和人民公社化运动中了，但却为邓小平后来提出科学的社会主义初级阶段理论提供了借鉴。

1956年—1957年，这是毛泽东探索中国式社会主义的春天。在这一时期，他提出了许多非常有价值的颇具智慧和真理的正确思想，尽管后来这些思想没有坚持下去，有的甚至走向了自己的反面，但为后来中国特色社会主义理论的探索产生了深远的影响。

## 三、对社会主义商品经济的认识

毛泽东对我国社会主义商品经济的认识是对我国实际的思考。他曾指出："只要存在两种所有制，商品生产和商品交换就是极其必要、极其有用的。"进而分析到："即使过渡到了单一的社会主义全民所有制，如果产品还不很丰富，某些范围内的商品生产和交换仍可能存在。"他认为商品经济不等于资本主义，它也可以为社会主义服务。经他分析得出结论："不能孤立地看商品生产，要看它是同什么经济制度相联系，商品生产和资本主义联系，就是资本主义的商品生产，商品生产和社会主义联系，就是社会主义的商品生产。"也就是不搞清楚社会主义商品生产和资本主义商品生产的本质区别，不弄明白商品、货币价格等在社会主义阶段的积极意义，会导致有些人出现想要消灭商品经济倾向。因此，他特别强调，发展社会主义商品经济不会引导到资本主义，因为资本主义的经济基础在新中国已经不复存在了，商品经济是可以为社会主义服务的。同时，他也强调社会主义商品经济是有计划的商品经济，而且党的领导和各级党组织及广大党员和群众都是可以为发展商品经济提供坚实可靠的基础的。

除了肯定商品生产和商品交换的重要性，他也充分认识到了价值规律的作用。他要求所有的经济单位在经济运行过程中都要遵循价值规律，按照价值规律的合理性要求进行生产和扩大再生产。他指出，社会主义经济规律是客观的必然性，"我们是要研究它的……算账才能实行那个客观存在的价值法则。这个法则是一个伟大的学校，只有利用它……才有可能建设我们的社会主义和共产主义。否则一切都不可能"。毛泽东从中国的实际情况出发，强调价值规律自身的客观性，并能够认识到价值规律在社会主义建设中的地位和作用，是非常难能可贵的。他提出的这些重要思想，都成为新时期社会主义市场经济理论形成的重要思想源泉。

## 四、社会主义社会统筹兼顾思想

毛泽东在《关于正确处理人民内部矛盾的问题》这篇文章中，专门列了一个标题来阐述"统筹兼顾、适当安排"方针。他指出，人民内部矛盾的存在是比较普遍的，其存在的根源是社会内部的利益分配。对各方利益是采取统筹兼顾或是只顾一头来处理，是直接影响社会安定团结与否，直接影响能否调动一切积极力量来建设社会主义的。毛泽东提出方针是"统筹兼顾、适当安排",虽然阐述只有短短的不足700字,但却充分体现了他高深的战略眼光。

"统筹兼顾"的方针提出时,中国已经开始社会主义建设,国内和国际环境都相当复杂。毛泽东认为,其实对每个时期的任务,都有许多相关工作,也都牵涉到许多矛盾。而"统筹兼顾、适当安排"方针就是为了科学地处理社会主义社会存在的人民内部矛盾问题,他说,以往搞革命,"我们就实行了调动一切的方针",而现在为了建设社会主义,调动一切可以调动的积极力量,"同样也实行这个方针"。在中国,空间上看,不管是党内外的,还是国内外的,不管是直接还是间接的,总之一切积极因素我们都要调动;无论是中央、地方、基层还是各民族尤其是少数民族,甚至包括民主党派和无党派民主人士,都要充分调动他们的积极性。毛泽东在《关于正确处理人民内部矛盾的问题》第七部分中阐述了调动一切积极因素的目的:"调动一切积极因素,团结一切可能团结的人,并且尽可能地将消极因素转变为积极因素,为建设社会主义社会这个伟大的事业服务。"这是一个必须要长期坚持的方针。

毛泽东的统筹兼顾论涉及到处事和待人两方面的内容。从处事角度说,他的统筹兼顾论可以概括为:单位的领导责任人，在任何时期，都必须对工作有全面的谋划，分清主次和轻重缓急，围绕解决主要矛盾抓全局。毛泽东形象地将围绕解决主要矛盾抓全局的工作方法比喻为"弹钢琴"。在《关于领导方法的若干问题》一文中，他说："领导人员依照每一个具体地区的历史条件和环境条件，统筹全局，正确地决定每一时期的工作重心和工作秩序，并把这种决定坚持地贯彻下去，务必得到一定的结果，这是一种领导艺术"。毛泽东讲的统筹全局其实就是统筹兼顾。他还强调同一时期工作重心只抓一个，那就是抓主要矛盾，而且要将各项工作摆在适当的地位，这就是抓全局。只有将两者都做好了，才算是做到了统筹兼顾。第二个角度是待人，毛泽东认为要解决问题的关键是如何分清敌我，壮大自身的力量。他的基本思路是：调动一切积极因素，同时将消极因素变为积极因素。概言之，就是要建立最广泛的统一战线。原理就是不同的人存在着不同的利益，我们要先承认他们利益的合理性，然后才能各得其所，才能调动一切积极因素，团结一切可以团结的人，才能建立最广泛的统一战线。总而言之，正确处理人民内部矛盾，"统筹兼顾、适当安排"，明确社会主义建设的根本方针，目的"是想造成一个又有集中又有民主，又有纪律又有自由，又有统一意志、又有个人心情舒畅、生动活泼，那样一种政治局面"。这个方针成为建设社会主义和谐社会的指导思想和方法理论的雏形。

## 第二节　社会主义的探索和实践

### 一、社会改造的顺利完成

毛泽东不仅对中国的社会主义改造做出了正确抉择，而且也提出了其总体设想和长远规划。其主要内容包括社会主义改造的内容、方法、形式和步骤等。建国后的社会主义改造可以概括为三个基本内容：即逐步把农民和手工业者的个体私有制改造为社会主义劳动群众的集体所有制；逐步把资本主义私有制改造为社会主义全民所有制。毛泽东在关于"过渡时期总路线"的论述中，将社会主义工业化和三大改造并列提出，并强调社会主义工业化是主体，而社会主义改造如同车之两轮，鸟之两翼。也就是说，党在过渡时期总路线的最终目标，是更快地发展社会主义生产力，实现国家的工业化和现代化。而实现这一目标的根本保证是解决生产资料所有制问题。只有两个轮子转动起来，车子才能前进，只有两翼展动起来，鸟儿才能腾飞。所以，党和毛泽东要求将社会主义工业化和社会主义改造同时并举，要求将"一化"、"三改"紧密结合起来。

关于中国社会主义改造的形式，毛泽东在酝酿和提出过渡时期总路线的时候，主要着眼于提前触动私有制，特别是要冲击私人资本主义工商业。1953年的春天，中央为了确定资本主义工商业社会主义改造的形式，进行了专门的调研，形成了报告，基本明确了改造的步骤、内容、方法和方向等问题，毛泽东对这个报告高度重视。到了6月中旬，中央政治局召开两次扩大会议，专门讨论了报告的内容。关于资本主义工商业改造的内容，毛泽东在一个关于工会工作的批语中明确做出指示："这里所说的改造还不是指取消资本家生产资料的私人所有制，使之变为社会主义企业的那种最后的改造步骤。这里所说的改造，是指在承认资本家的受限制的不完全的私人所有制的条件下，使资本主义企业逐步变为国家资本主义企业，即在人民政府管理下的用各种方式和国营社会主义经济联系着的受工人监督的资本主义"。这种资本主义已经不是普遍意义上的资本主义，而是一种特殊的新式资本主义，它带有若干或几种程度不同情况的社会主义性质。

关于社会主义改造的方法和步骤。毛泽东也曾多次谈到，在一次和湖北孝感地委负责同志谈话时他说到过渡时期的内涵。什么是过渡时期？步骤是什么？是走向社会主义。他说类似过桥，走一步算是过渡一年，走两步两年，三步三年，十年到十五年走完。在十年到十五年或更多一点时间内，基本上完成国家对社会主义工业化，对农业、手工业、资本主义工商业的社会主义改造。这个过程要水到渠成，防止急躁情绪。就在这次谈话前不久，毛泽东还曾指出，消灭资产阶级和资本主义工商业要分步骤，一是要消灭，一是还要扶持一下。

毛泽东领导社会主义改造的过程也是令人鼓舞的。农业的社会主义改造从1951年12月开始，我们党开始颁发一系列关于农业社会主义改造的路线、方针和政策。到1956年底，农业改造经历了互助组、初级社和高级社三个阶段，改造基本完成，全国加入合作社的农户达96.3%。通过合作化，将农民个体经济逐步转变为社会主义集体经济。1953年春，中国土地改革基本完成的时候，农民对生产有了极大的积极性，但是农村经济分散、脆弱，个体经济既不能满足工业发展对农产品的急速需要，又存在着农村中两极分化的风险。所以我们认定，只有组织起来互助合作，才能发展农村生产，提高生产力水平，共同富裕。农村互助合作引导农民参加合作社，走集体化和共同富裕的社会主义道路。

个体手工业的改造是要从个体经济转变为社会主义劳动群众集体所有制。手工业改造从1953年11月开始至1956年底结束，全国有90%以上的手工业者加入了合作社。个体手工业原来是以私有制和个体劳动为基础的，这种从事商品生产的个体经济在中国的国民经济中占有一定的地位。据统计，1952年手工业产值占全国工业总产值的21%，农村生产生活需要的资料大部分来自于手工业。对于手工业的社会主义改造也是在过渡时期总路线的指导下，遵循逐步过渡的方针，从手工业生产合作小组到手工业供销合作社，再逐步发展为手工业生产合作社。截至社会主义改造完成时，加入手工业合作组织的人数已占全国手工业从业人数的91.7%，基本上完成了对个体手工业的社会主义改造。

通过国家资本主义的形式将民族资本主义经济逐步转变为社会主义经济，这是伟大理论实践。消灭私有制是过渡时期的一项基本任务。我们党对私人资本主义采取了"和平赎买"的政策，经由国家资本主义的形式，将私人企业改造成社会主义公有制企业，并且在这个过程中将所有制改造与人的改造相结合，使资本家剥削者改造为自食其力的劳动者。之所以对民族资本主义经济采取和平赎买而不是没收政策，是因为它具有的两面性：一方面它有利于国计民生的一面，另一方面又有剥削工人的一面，所以对资本主义工商业要采取利用、限制、改造的政策，通过和平赎买实现资本主义的改造。初级形式的国家资本主义是通过委托加工、计划订货、统购包销、委托经销代销等方式将私人企业纳入到国家资本主义轨道的。全行业公私合营采取定息方式，即按照公司合营企业的私股股额每年发给资本家5%的股息，共发10年。用这种方式使私股与生产资料使用权相分离，企业的生产资料由国家来统一管理和运用。停止付给定息后，企业就完全成为了全民所有制企业。到1956年底，公私合营的工业企业已占原有工业总户数的99%，占生产总值的99.6%。资本主义工商业改造完成后，资产阶级作为一个阶级被消灭了，我国进入了社会主义初级阶段。

## 二、工作重心的成功转变

有人认为毛泽东只抓阶级斗争，不抓经济建设，这与历史事实是不符的。他曾数次提出将工作重心转移到经济建设上来。

在新民主主义革命时期，毛泽东便设想建立新中国后，着手经济建设，建国初期这一思想得到了贯彻落实。1950年6月，他提出要为争取国家财政经济状况的根本好转而斗争。1951年2月，他又提出用3年时间准备，10年时间计划经济建设的战略构想。1952年9月以后他多次提出要制定一条过渡时期的总路线，紧接着便形成了社会主义过渡时期的总路线和总任务。毛泽东在建国初时谈到建设社会主义的阶段时说，我们建立人民民主专政的目的就是要保卫全体人民，提供和平劳动的环境，目标是将我国建设成为一个具有现代工业、现代农业和现代科学文化的社会主义崭新国家，而社会主义制度建立的目的是要解放生产力。

社会主义改造完成后，社会主义制度建立了起来，毛泽东再次提出党的工作重心问题，他指出要将过去的革命重心转移到经济建设和技术革命上来，发展经济和文化。党的八大召开之后，毛泽东又多次提到工作重心转变的问题。在1957年3月份的天津党员干部会议上，他说，"过去我们几十年的主要工作就是阶级斗争，而不是建设。现在阶级斗争的工作基本上结束了，现在我们党要求搞建设，要同自然界作斗争，要学科学"。在南京、上海的党员干部会议讲话提纲中他又写道："现在处在转变时期，由阶级斗争到向自然界斗争，由革命到建设，由过去的革命到技术革命和文化革命。许多人还不认识，还企图用过去的方法对待新问题。"毛泽东和无党派负责人和无党派民主人士座谈时说，"现在我们进入了另一种战争，即同自然界作战"。毛泽东认为大规模的疾风暴雨式的阶级斗争虽然已经基本结束了，但意识形态方面的斗争还是会长期存在的；社会主义社会建立了但是没有巩固，夺得最后的胜利还需要一个时期。尽管如此，他仍旧明确地提出党和国家工作重心转移到经济建设上来。但反右派斗争扩大化的错误还是发生了，毛泽东重新判定我国的主要矛盾是阶级矛盾，所以这个时候我国的工作重心没能完成实际上的转移。

1958年1月反右派斗争结束以后，毛泽东再次提出将工作重心转移到经济建设上来。这个方针是在《工作方法六十条（草案）》中提出来的，内容大概是："中国经济落后，物质基础薄弱，使我们至今还处在一种被动状态，精神上还是感到受束缚，在这方面我们还没有得到解放，要鼓一把劲。再过5年，就可以比较主动一些了；10年后会更加主动一些；15年后，粮食多了，钢铁多了，我们的主动就更多了"。在《关于建国以来党的若干历史问题的决议》当中肯定了毛泽东的这一正确命题。

1958年5月，根据毛泽东的建议，党在八大二次会议上提出并通过了"鼓足干劲，力争上游，多快好省地建设社会主义"的总路线，这个路线反映了毛泽东和党中央以及人民群众非常急迫地要求改变中国经济文化落后的状况，根本目的是为了把经济建设搞上去。但是在执行总路线的过程中，党由于经验不足和大家对困难的估计严重不足，造成了违反生产力自身规律的行为，全国发动了"大跃进"运动和"人民公社化"运动，高指标、浮夸风、"共产风"盛行，经济建设中的"左"倾错误严重泛滥，也给我国的社会主义建设事业造成了意想不到的损失。

毛泽东很快认识到了"大跃进"的严重错误。在中央工作会议上，他提出："社会主义建设，从我们全党来说，知识都非常不够。我们应当在今后一段时间内，积累经验，努力学习，在实践中间逐步地加深对它的认识，弄清楚它的规律"。在这个对国民经济调整、巩固、充实、提高的党的扩大会议上，他要求全党要加强对生产力方面知识的学习，"有了总路线还不够，还必须在总路线指导之下……有一整套适合情况的具体的方针、政策和办法，才有可能说服群众和干部……使他们有一个统一的认识和统一的行动，然后才有可能取得革命事业和建设事业的胜利"。

毛泽东在几次历史的转折关头都曾指出要将工作重心转移到经济建设上来，当然，他也曾犯过一些错误，如急于求成、违反规律，片面追求速度，造成了一定损失，但他一发现错误就及时纠正，并且始终对改变中国经济和技术落后状况抱着热切的期望，希望将我国建设成为一个社会主义现代化强国。

## 三、协调发展生产力和生产关系

社会主义社会的基本矛盾仍然是生产关系和生产力之间的矛盾，经济基础和上层建筑之间的矛盾，这是毛泽东提出的正确命题。也就是说，在社会主义社会里，调整生产关系以适应生产力发展的需要和调整上层建筑以适应经济基础的要求仍是主要任务。但我国进入社会主义社会后，采取什么样的经济运行体制和企业经营形式，怎样才能不断调整体制而能适应生产力发展的要求，这个重大的理论问题急需我们在实践中解决。

例如，就农业而言，中国农村的社会主义集体经济确立以后，到底农民该采取什么样的生产形式和经营体制，经营规模应该多大才有利于农村生产力的发展需要。毛泽东在这方面经历了相当长时期的探索。合作化运动进入高潮时，他认为小社人少、地少、资金少，应该办大社，否则不能进行大规模的经营，也无法使用大机器，既不能综合利用，也不利于搞水利基础建设。小社是束缚生产力发展的，越是大社越能解放农村生产力，最后办起了人民公社，搞"一大二公"。毛泽东的理由不是完全没有道理，但这里的关键问题是，农村生产力最活跃的最该调动的因素是广大农民的生产积极性，如何充分发挥农民的主动性才是农村中生产关系调整的关键。实践证明，"一大二公"不但没有解放农村生产力，反而造成了严重破坏。经过反复曲折的过程，最后形成了以队为基础、三级所有的公社体制，同时也废除了人民公社的分配制度，将农业合作社的分配制度恢复起来，生产队相当于初级社的规模作为基本核算单位，大概二三十户，这种规模同原来的人民公社相比较，显然比较符合人民群众的要求，才是真正有利于生产力发展的。

1962年到1966年，在正确的决策指导下，我国的粮食生产平均每年增产270亿斤。毛泽东的这一决策是经过多次调查研究后作出的。他非常满意以队为基本核算单位的决策。有人认为20户左右的规模太小。毛泽东认为不小了，山里头的十来户、七八户搞一个核算单位也可以。高级社就是平均主义了。他称赞唐县的公社搞得好："唐县那个公社搞分配大包干，粮食年年增产，牲口也很壮。生产队富了就好办了。"事实证明，在社会主义初级阶段当生产力水平还很低下，基本上停留在手工作业的条件下，集体经济的规模越大，反而平均主义越严重，优越性反而降低，平均主义恰恰成了束缚甚至破坏生产力的要素。"文化大革命"中不断有人提出改变以队为基本核算单位的体制，重新回到大队的体制，毛泽东始终没有动摇，坚持原来的制度，结果，农业特别是粮食生产在这个特殊时期才得以继续发展，这十年间，粮食年产量1976年较1966年提高了1400亿斤，上了一个台阶。

毛泽东曾深入地思考过关于生产关系的问题，他认为，在所有制问题得到基本解决后，最重要的是管理问题，也就是人与人的关系问题，这上面大有文章可作。他觉得自己的生产力方面知识很少，但特别注重生产中人与人关系问题，这种关系是否改变，对于推动还是阻碍生产力的发展有着直接的影响。那么在社会主义条件下，劳动生产过程中人与人之间应该是一种什么样的关系呢？按照毛泽东的意见是：对领导者来说，要"以普通劳动者的姿态出现，以平等态度待人"。就企业的管理来说，要"工人群众、领导干部和技术人员三结合，干部参加劳动，工人参加管理，不断改革不合理的规章制度，等等"。这就是具有中国特色的"两参一改三结合"的企业管理模式，这个模式被称作"鞍钢宪法"，某些发达资本主义国家也采用这种模式。毛泽东在读苏联的《政治经济学教科书》的谈话中进一步指出，管理权是劳动者最大的权利，管理权包括管理国家、管理军队、管理各种企业、管理文化教育。这些思想都反映了毛泽东对工人阶级和全体劳动者的权利认识和对他们主人翁地位的维护与尊重，既反映了他的民主观和平等观，也反映了他的人民群众创造历史的历史观。

## 四、重视科学技术

对科学技术毛泽东是非常重视的，这体现在他的多次讲话和指示中，他对科技人员在社会主义建设中的作用，对科学技术对现代化建设的重要性都给予了高度评价。"科学技术这一仗，一定要打，而且必须打好"，"不搞科学技术，生产力无法提高。"这是毛泽东1963年听取聂荣臻汇报关于1963年至1972年科学技术规划的时候做出的指示。毛泽东把提高我国科学技术的整体水平看作是一个伟大革命，叫技术革命，并把技术革命放到同社会政治革命同等重要的位置。他说："我们国家要建设，就要有技术，就要懂得科学，这是一个很大的革命。没有这样一个革命，单是政治改变了，社会制度改变了，我们国家还是一个穷国，还是一个农业国，还是一个手工业、手工技术的国家。"他又说："我们是农业国，工业化要很长时间，要半个世纪。革命成功是一个条件，但是还有一个条件，这就是技术革命。"

综观世界上一些强国的发展之路，毛泽东深知想要达到强国的目的，就必须采用最先进的科学技术。他认为："资本主义各国，苏联，都是靠采用最先进的技术，来赶上最先进的国家。我国也要这样。"他为我国的科技强国道路作出指示："我们不能走世界各国技术发展的老路，跟在别人后面一步一步地爬行。我们必须打破常规，尽量采用先进技术，在一个不太长的历史时期内，把我国建设成为一个社会主义的现代化的强国。"上个世纪50年代，毛泽东最先提议并作出发展我国原子能事业的决定，这些赶超世界先进水平的尖端科学能够搞起来要得力于毛泽东的战略决策。

20世纪60年代，苏联撕毁合同，撤走专家，停止了对我国建设的支援，给我国的经济建设和国防工业带来了很大的困难。在这种情况下，毛泽东在1960年7月听取李富春关于国民经济计划的汇报时候做出指示："要下决心，搞尖端技术"。

当时原子弹、导弹等主要的国防尖端技术项目到底是上马还是下马，在国防工业会议上有了不同意见。这时，正在杭州的毛泽东让秘书给聂荣臻打电话，传达他看到聂荣臻报告后的意见：中国的工业技术水平与日本相比差得很远，应该采取什么方针，好好研究一下。据聂荣臻回忆，毛泽东的这个指示以及根据这个指示研究的结果成为解决这一分歧的关键契机。

在三年困难时期极端艰苦的条件下，我国的国防尖端技术在毛泽东"要大力协同，做好这件工作"的指示下，取得了突破性的成绩。我国第一颗原子弹在1964年试爆成功，1967年第一颗氢弹试爆成功，不久第一颗人造卫星也上了天。

毛泽东是非常喜欢科学技术的，他曾说过："自然科学是人们争取自由的一种武装；大家要来研究自然科学，否则世界上就有许多不懂的东西，那就不算一个最好的革命者"。他请科学专家给他讲课，同他们交谈，读一些科技书籍，他重视科学技术，并要求全党都努力学习自然科学和技术科学知识，他多次参观科技展览，尤其是一些新技术、尖端技术展览。1967年7月7日，毛泽东在接见到京参加"赴越作战高炮部队座谈会"的代表时说："要狠抓一下雷达、光学仪器、指挥仪，要减轻重量，提高质量，增加数量"。已82岁高龄的毛泽东仍然关心我国的高科技事业，对孔从洲关于加强电子对抗工作的建议作出批示，叶剑英负责落实批示。毛泽东对科学技术工作的关注和重视对我国高科技事业的辉煌发展起到了关键作用。

## 五、探索社会主义现代化之路

毛泽东首先提出将中国建设成为一个实现四个现代化国家的口号。早在1945年4月，毛泽东在中共七大政治报告中提出革命胜利后的设想，他说："在若干年内逐步地建立重工业和轻工业，使中国由农业国变为工业国"，"为着中国的工业化和农业近代化而斗争"。这是最初"四个现代化"思想的萌芽，由农业国变为现代化的工业国，农业实现现代化，这是毛泽东的最初设想。

1953年8月，毛泽东在对党的过渡时期总路线作正式文字表述的时候第一次写道："要在一个相当长的时期内，基本上实现国家工业化和对农业、手工业、资本主义工商业的社会主义改造"。后来毛泽东将"国家工业化"修改为"国家的社会主义工业化"。1953年12月中央宣传部下发经中共中央批准的《关于党在过渡时期总路线的学习和宣传提纲》，该《提纲》中解释国家的社会主义工业化中提出了"建立和巩固现代化的国防"和"促进农业和交通运输业的现代化"的具体内容。

1954年9月，全国人大一届一次会议召开，毛泽东在开幕词中讲道："将我们现在这样一个经济上、文化上落后的国家，建设成为一个工业化的具有高度现代文化程度的伟大国家"。周恩来在这次会议提交的政府工作报告中将现代化思想具体化，明确指出："如果我们不建设起强大的现代化的工业、现代化的农业、现代化的交通运输业和现代化的国防，我们就不能摆脱落后和贫困，我们的革命就不能达到目的"。至此，这是四个现代化完整说法的最早表述，毛泽东审阅了这份政府工作报告，可以说是代表了他的想法的。这时提出的是"交通运输业"现代化，而不是"科学技术"现代化。

此后毛泽东在多次讲话和发言中提到"三化"，在1957年2月、3月分别发表的《关于正确处理人民内部矛盾的问题》和《在中国共产党宣传工作会议上的讲话》中他都提到了这个内容，"三化"即将我国建设成为具有"现代工业、现代农业和现代科学文化的社会主义国家"，这里没有提到国防现代化和科学技术现代化，实际上"三化"中的科学文化现代化是比较宽泛的概念，应该是包含了科学技术现代化的。毛泽东明确提出四个现代化是在1959年底到1960年初，他说，"建设社会主义，原来要求是工业现代化，农业现代化，科学文化现代化，现在要加上国防现代化"。提法有了，只是没有在公开的文字中出现。

正式公布"四个现代化"，是在1964年12月周恩来在三届人大一次会议作的《政府工作报告》中："今后发展国民经济的主要任务，总的说来，就是要在不太长的历史时期内，把我国建设成为一个具有现代农业、现代工业、现代国防和现代科学技术的社会主义强国，赶上和超过世界先进水平"。在1975年1月召开的四届人大一次会议上，周恩来作了《政府工作报告》，他重申了这段话并且特别说明："遵循毛主席的指示，三届人大的政府工作报告曾经提出，从第三个五年计划开始，我国国民经济的发展，可以按两步来设想。第一步，用15年时间，即在1980年以前，建成一个独立的比较完整的工业体系和国民经济体系；第二步，在本世纪内，全面实现农业、工业、国防和科学技术现代化，使我国国民经济走在世界的前列"。

由于"文革"十年动乱，1964年提出的"现代化"纲领没有形成具体规划。1975年国务院根据周恩来再次提出的纲领，拟定了一个发展国民经济十年计划纲要草案。可惜的是，草案遭到了"四人帮"的阻挠和攻击，没有得到全面实施。一直到

1978年12月的十一届三中全会召开，才正式作出党和国家工作重心转移到经济建设上来的战略部署和决策，这次会议要求，全党要集中一切力量，调动一切积极因素，为实现四个现代化而奋斗，从此我国才全面走上发展四个现代化的道路。

# 第六章　先进思想文化的倡导者

## 第一节　对哲学的伟大贡献

### 一、倡导知行合一的认识论

毛泽东坚持马克思、列宁实践唯物主义的基本立场，并以此为基础，构建中国特色的马克思主义认识论。毛泽东写有著名的《实践论》，其基本动因就在于坚持马克思主义实践观的指导，帮助中国共产党人正确分析、认识和解决中国革命的具体问题，从而引导中国革命走向胜利。《实践论》批评了党内一些同志对马克思列宁主义原理存在认识论上的教条主义、经验主义等主观主义错误。在辩证唯物主义认识论的框架内，立足于中国历史和中国现实国情，根据中国革命的具体经验教训，对"实践"命题作出了新的界定和阐释，从而实现了马克思主义哲学理论在中国的发展和创新。作为中国化马克思主义的理论，他重新界定了"实践"命题的基本形式；他重新阐释了实践基础上的认识发展过程，即对"两个飞跃"进行创新说明，尤其突出强调"第二次飞跃"的意义；他对一些相关问题如理论和实践问题，即知和行具体的、历史的统一问题重新发挥。由于毛泽东在阐述实践观念时有针对性地融入了中国传统哲学精华，将中国革命的具体经验教训概括其中，因此具有了中国特色和中国的实际内涵，从而使实践的概念更加具体、丰富，也更具现实性。形成了赋予"实践"概念新内容的发展和丰富了的马克思主义实践观。这样一来，《实践论》的写作达成了他将马克思主义认识论民族化、中国化、本土化的目的，也实现了毛泽东在认识论上的创新。

不仅如此，毛泽东在《实践论》中将"行"和"知"的范畴都作了新的科学阐述，作了马克思主义的改造。中国也有传统的知行合一学说，但有它的缺陷，在于认识论伦理化，往往将"知"即知识局限在道德领域，而且缺乏对认识内部机制的深入探讨。要克服传统文化的这一缺陷，彻底实现认识论的现代转型，有一个非常重要的前提就是要借鉴西方的哲学传统及理论。划清求知方法与道德修养的界限，划清"求真"与

"求善"之间的界限，明确赋予"知"以一般认识论的内涵，在一般认识论的范畴里研究知与行，即认识与实践之间的关系。《实践论》正是根据马克思主义认识论的基本原理来解释这两对范畴。文章指出人的认识既包括对社会的认识、对人与人之间各种关系的认识，也包括对自然界的认识、对人与自然关系的认识；认识的真正任务在于经由感觉到达思维，到达于认识客观事物的内部规律性，即对客观事物逻辑的认识。通过这种转化，中国传统哲学当中以道德原则的本体为主要任务的"知"就转化为以"求真"为目的概念，即达到"认知"，赋予它以一般认识论的含义，这是中国传统知行合一学说的现代转化。

毛泽东对知行关系进行了马克思主义的阐释。他对中国传统知行观念进行批判性的继承，取其合理因素从马克思主义的立场进行积极的发扬，从而构成了中国马克思主义的知行观。在这篇《实践论》里，他对知行的阐述如他自己说的："通过实践而发现真理，又通过实践而证实真理和发展真理的感性认识而能动地发展到理性认识，又从理性认识而能动地指导革命实践，改造主观世界和客观世界，实践，'认识，再实践，再认识'，这种现象循环往复以至无穷。而实践和认识之每一循环，都将进到了高一级的程度。这就是辩证唯物论的全部认识论，这就是辩证唯物论的知行统一观"。分析一下，可以看出，毛泽东是从认识的源泉、动力、目的、检查标准几个角度全面论证了认识中实践的地位与作用，明显地对中国传统知行观做了辩证扬弃。毛泽东创造性地丰富和发展了马克思主义认识论，实现了马克思理论中国化的目标。

毛泽东坚持马克思主义实践是第一位的，是首要的，他阐明了实践在认识中的基础性地位，揭示了能动的革命的反映论是马克思主义认识论的实质，既坚持了唯物主义，又坚持了认识发展的辩证法；既将唯物主义和唯心主义从本质上区分开来，又有别于形而上学的直观反映论，构成了中国化马克思主义哲学认识论。

## 二、建立对立统一学说体系

《矛盾论》是毛泽东写作的另一篇哲学著作，也是对马克思主义矛盾学说的丰富和发展。毛泽东的阐述非常精彩，源于他对中国社会矛盾特殊性的深刻认识和中国革命特殊性的准确把握。毛泽东认识到，中国社会矛盾的特殊性决定了中国革命的特殊性，而中国共产党人是否能够领导中国革命走向胜利的关键就在于如何认识和解决中国社会矛盾的这种特殊性。他和党内存在的教条主义的分歧就在于此。

毛泽东创新发展了马克思主义的矛盾学说，主要表现在以下两个方面。

第一，他在《矛盾论》中，创造性地提出"矛盾的普遍性"这一新的哲学范畴。这是他针对苏联提出的"矛盾的特殊性"概念而提出的。他在文中将这一新概念的重要性和两重含义进行了详细论述，这使马克思主义的矛盾学说具有了鲜明的中国特色和内容。中国革命胜利发展的一大障碍就是对矛盾普遍性及特殊性关系的认识与把握的缺失。党内的教条主义者不了解这一理论的真谛，不明确矛盾的普遍性即寓于矛盾的特殊性当中，更不懂得去研究当前具体事务的矛盾的特殊性对指导中国革命实践具有何等重要的意义。

第二，毛泽东在苏联关于矛盾特殊性理论的基础上，创造性地阐述了矛盾特殊性的5种基本形式，尤其是关于主要矛盾和非主要矛盾以及矛盾的主要方面和非主要方面相互转化的论述，精辟且富于哲理，他根据中国社会现实矛盾特殊性的丰富表现形式，将5种基本形式提炼到哲学高度，形成了新的哲学范畴，充实了矛盾特殊性理论。

由此，毛泽东的矛盾理论赋予了对立统一学说完整的理论形态，他运用矛盾的普遍性和特殊性的辩证法原理，明确解释了对立统一理论在唯物辩证法中的核心地位。这一理论不仅揭示了辩证法与形而上学的基本对立，而且阐明了对立的现实原因和认识根源，从而建构了中国化马克思主义辩证法理论形态，这一理论以共性与个性、普遍与特殊为精髓，以矛盾的特殊性为主旨，以解决问题为目的。从理论的阐述和实际运用两方面实现了马克思主义哲学方法论上的创新。

## 三、完善实事求是思想路线

实事求是，是毛泽东在同党内教条主义和经验主义错误思想路线的斗争过程中形成的重要思想路线。1930年5月，毛泽东在《反对本本主义》一文中提出要在斗争中作实际调查，并对实事求是思想路线的含义作了初步界定。1937年，毛泽东在《实践论》和《矛盾论》两篇文章中对这一路线从哲学高度作了系统阐述。1941年5月，毛泽东首次在《改造我们的学习》中将其概括为我们党的思想路线，并阐述了基本内涵。

实事求是思想路线是毛泽东哲学思想的精髓。这一路线从唯物辩证法的高度回答了哲学基本问题。"实事"就是客观存在的一切事物，把它运用到革命实践中就是要求我们从革命实际出发。"'是'就是客观事物的内部联系，即规律性"，把它运用到革命实践中就是要求我们做到主观符合客观，"'求'就是我们去研究，把它运用到革命实践中就是要求我们有的放矢"。实事求是路线反映了马克思主义哲学的认识论。正确认识的形成需要从实践到认识再由认识到实践的循环往复的过程。要制定出正确的方针、路线和政策就必须坚持实事求是。而且实事求是路线实现了马克思主义哲学的民族化、通俗化，它是马克思主义哲学和中国传统文化相结合的光辉典范，是洋为中用、古为今用的典型代表。

## 四、重新阐明矛盾基本规律

在中国伟大的革命实践中，毛泽东重新阐释了矛盾的基本规律。其内涵主要有以下几方面：

首先，他阐释了矛盾的普遍性和特殊性，批出矛盾的普遍性和特殊性具有共性与个性的关系。关于矛盾的普遍性，毛泽东明确提出："矛盾存在于一切事物的发展过程中；每一事物的发展过程中存在着自始至终的矛盾运动"。关于矛盾的特殊性，他认为："各种物质运动形式的矛盾，每一运动形式在其发展过程中的矛盾、每一发展过程的矛盾的各个方面，同一发展过程的不同发展阶段上的矛盾，每一发展阶段上的矛盾的各个方面，都有其特殊性"。研究矛盾特殊性的目的就是为了人们遇到问题时能够做到具体问题具体分析，从而有的放矢。

其次，毛泽东全新阐述了对立统一规律。他从两种宇宙观的对立出发阐述辩证法的实质与核心。他认为，革命战争时期之所以会犯教条主义错误、机会主义错误，关键核心在于人们坚持的宇宙观是形而上学和唯心主义的。唯物辩证法的宇宙观核心是运用联系和发展及全面的观点看问题，主张事务的外因是通过内因起作用，因此能够正确的分析、理解和解决问题。

## 五、再掀调查研究良好风气

毛泽东一生都倡导调查研究作为一项根本工作方法，这一伟大的认识工具是中国共产党人乃至全人类认识和改造世界的宝贵的精神财富。他总结其革命理论实践认为，要及时发现和解决新问题，形成新思路，最行之有效的方法就是调查研究。"没有调查就没有发言权"，一切工作的第一步就是调查研究，这是他积极倡导调查研究的著名观点。在《反对本本主义》中，他这样说道："你对于那个问题不能解决么？那么，你就去调查那个问题的现状和它的历史吧！你完完全全调查明白了，你对那个问题就有解决的办法了"。

毛泽东明确调查研究是我党正确纲领、战略、和政策策略的基础。他说："共产党的正确而不动摇的斗争策略，决不是少数人坐在房子里能够产生的，它是要在群众的斗争过程中才能产生的，这就是说要在实际经验中才能产生。因此，我们需要及时了解社会情况，及时进行实际调查。""一切结论产生于调查情况的末尾，而不是在它的先头。只有蠢人，才是他一个人，或者邀集一堆人，不作调查，而只是冥思苦索地'想办法'、'打主意'，须知这是一定不能想出什么好办法，打出什么好主意的。""离开实际调查就要产生唯心的阶级估量和唯心的工作指导，那么，它的结果，不是机会主义，便是盲动主义。"这些精彩论述告诉我们，要想创造性地做好工作，必须坚持实事求是和调查研究。他的许多著作都是在广泛深入的调查研究基础上写就的，如《中国社会各阶级的分析》、《在延安文艺座谈会上的讲话》、《中国革命战争的战略问题》、《关于正确处理人民内部矛盾》、《论十大关系》等。

毛泽东在1961年广州会议上强调自己的经验："凡是忧愁没有办法的时候，就去调查研究，一经调查研究，办法就出来了，问题就解决了。"毛泽东与马克思、恩格斯及列宁比较起来，无论是理论上还是实践中，调查研究的理论都是他的一大特色，也对马克思列宁主义理论作了很大的发展。他一生所作的调查研究范围之广、时间之长、成果之显著、得出的理论程度之深，是非常值得我们学习的。调查研究对于毛泽东了解中国的历史和现状，运用马列理论解决中国革命和建设的实际问题起到了至关重要的作用。毛泽东在调查研究的基础上也形成了一整套完整的、系统的、科学的和具有很强实践可操作性的调查研究思想方法。正如他自己说的："要学会这种调查研究的方法，其实这也是思想方法，实事求是的方法。"

## 第二节　引导先进的文化思想

### 一、重视传统文化

毛泽东对中国的传统文化有着深厚的感情。从1902年入私塾读书，到东山高校读书，再到湘乡驻省中学读书，这期间，他熟读了《四书》、《五经》、《水浒传》和《三国演义》等大量的古文经典，作为一个经历新旧时代的伟人，他深受中国传统文化的教育与熏陶。在湖南省立第一师范读书期间，他受老师杨昌济先生的影响曾对宋明理学产生浓厚的兴趣，仔细研读过《近思录》、《朱子语录》、《小学》等书。1919年五四运动后，毛泽东转变为一个真正的马克思主义者，这个过程中他并没有把外来的马克思主义和中国的传统文化对立起来，而是将二者有机结合起来学习。直到新中国成立后，毛泽东仍然坚持不懈地钻研传统文化典籍，在他居住的中南海丰泽园藏书达到九万余册。

但毛泽东对中国传统文化抱持科学的态度是：取其精华，去其糟粕。对具有双重性的传统文化既不能简单地全盘肯定也不能全盘否定，这都是错误的。而正确的观念是批判地继承。毛泽东在评价五四运动时便既肯定了五四运动主张的民主和科学精神，又尖锐批评了五四运动在对待传统文化的问题上走了两个极端的错误。历史实践证明，毛泽东对传统文化的这一科学态度是文化传承、发展的正确方针，这对于今后中国进行中国特色社会主义文化建设仍然有着十分重要的借鉴意义。

## 二、确立发展文化的基本方针

毛泽东所提出的发展社会主义文化的基本方针，有"百花齐放，百家争鸣"、"古为今用，洋为中用"、普及与提高相结合以及正确地开展文化批评。正确地开展文化批评，也应看作是发展社会主义文化的一个基本方针。

第一，"百花齐放，百家争鸣"。毛泽东在1942年5月延安文艺座谈会上的讲话中就提出来类似的观点，当时讲的是"应该容许各种各色艺术品的自由竞争"。1951年4月，毛泽东在给中国戏曲研究院题词时写了八个大字："百花齐放，推陈出新"。1953年8月，中国历史研究院委员会负责人向毛泽东请示工作方针，他又给出了四个字："百家争鸣"。1956年4月，他在中共中央政治局扩大会议上做总结讲话时说："艺术问题上的百花齐放，学术问题上的百家争鸣，我看应该成为我们的方针"。毛泽东认为社会主义社会仍然存在着各种矛盾，要坚持对立统一的辩证观点，所以要百花齐放、百家争鸣。统一物的两个互相对立和斗争的侧面总有主和次。他非常通俗地解释说："有些现象在一个时期是不可避免的，等它放出来以后就有办法了。比如，过去把剧目控制得很死，不准演这样演那样。现在一放，什么《乌盆记》、《天雷报》，什么牛鬼蛇神都跑到戏台上来了。这种现象怎么样？我看跑一跑好。许多人没有看过牛鬼蛇神的戏，等看到这些丑恶的形象，才晓得不应当搬上舞台的东西也搬上来了。然后，对那些戏加以批判、改造，或者禁止。有人说，有的地方戏不好，连本地人也反对。我看这种戏演一点也可以。究竟它站得住脚站不住脚，还有多少观众，让实践来判断，不忙去禁止。"

第二，"古为今用，洋为中用"。毛泽东批判地继承中国历史文化遗产，批判地吸收外国文化，1964年在批示中把这个思想概括为"古为今用，洋为中用"。社会主义文化就是在批判地继承中国的历史文化遗产、批判地吸收外国文化的基础上产生和发展的。

第三，正确的开展文化批评活动。毛泽东对于党内不重视研究历史的现象进行了严厉批评。"虽则有少数党员和少数党的同情者进行了这一工作，但是不曾有组织地进行过。不论是近百年的和古代的中国史，在许多党员的心目中还是漆黑一团。许多马克思列宁主义者也是言必称希腊，对于自己的祖宗，则对不住，忘记了。认真地研究现状的空气是不浓厚的，认真地研究历史的空气也是不浓厚的。"他指出那些不研究历史的人"对于自己的历史一点不懂，或者懂得甚少，不以为耻，反以为荣。特别重要的是中国共产党的历史和鸦片战争以来的中国近百年史，真正懂的很少。近百年的经济史，近百年的政治史，近百年的军事史，近百年的文化史，简直还没有人认真动手去研究。有些人对于自己的东西既无知识，于是剩下了希腊和外国故事，也是可怜得很，从外国故纸堆中零星地捡来的。"而正确的观念是全党都要树立起对历史文化遗产的科学观念，"就是不要割断历史。不但懂得希腊，还要懂得中国；不但要懂得外国革命史，还要懂得中国革命史；不但要懂得中国的今天，还要懂得中国的昨天和前天"。

## 三、倡导文化的大众化

毛泽东说过，"知民众就是革命文化的无限丰富的源泉"，"而这种文化运动和实践运动，都是群众的"。也就是说，他认为，人民群众是科学文化事业发展的不竭动力与源泉。

他曾多次在自己的《新民主主义论》等著作中强调文化的大众性即人民性。他认为人民的大众的文化是中国新文化的核心，大众的文化必须反映占中国人数90%以上的工人、农民、城市小资产阶级和知识分子的需求。延安时期，毛泽东就鼓励文艺工作者到工农群众中去，全心全意为人民服务，到火热的斗争实践中体验人民文化。可见，毛泽东强调的人民文化是面向实际生活，为人民服务的文化。这是新文化自身的性质所在，也是新文化建设的唯一出路和根本条件。

## 四、重视知识分子

在新民主主义革命和社会主义建设的背景下，毛泽东形成了其知识分子观。他提出知识分子是属于广大劳动人民群众的，新民主主义革命和建设社会主义是离不开知识分子的。

毛泽东的知识分子观内涵丰富，主要体现在一系列关于知识分子的方针政策上。第一是团结和吸收知识分子。这一方针既壮大了革命力量又促进了革命时期爱国统一战线的形成。毛泽东在他的文章——《大量吸收知识分子》中指出，在长期的和残酷的民族解放战争中，在建立新中国的伟大斗争中，共产党必须善于吸收知识分子，才能组织伟大的抗战力量，组织千百万农民群众，发展革命的文化运动和发展革命的统一战线。没有知识分子的参加，革命的胜利是不可能的。"对于一部分反对知识分子参加工作的干部，尤其是主力部队中的某些干部，则应该切实地说服他们，使他们懂得吸收知识分子的必要。"毛泽东的这一观点对于争取抗战胜利和争取革命统一战线的胜利具有指导意义。第二，他强调在争取和团结知识分子的同时，对知识分子要进行教育和改造。具体内容是："为了充分适应新社会的需要，为了同工人农民团结一致，知识分子必须继续改造自己，逐步抛弃资产阶级的世界观，树立无产阶级的、共产主义的世界观。"这一政策也成为知识分子政策的核心。第三，对知识分子要充分信任，敢于放手使用。信任知识分子的政治立场，在工作上要妥善安排他们，做到人尽其才，知人善用。这是毛泽东使用知识分子的基本原则。第四，要认真听取知识分子的意见和建议，正确对待知识分子的批评，目的是为了调动他们的积极性和创造性。要鼓励知识分子充分自由地发表意见，包括那些不同的意见。毛泽东认为，学术问题，不能用行政方法来压制知识分子，让知识分子充分自由地讨论，通过自由的、良性的竞争来推动科学文化的发展。第五，要为知识分子提供必要的工作条件和待遇。技术人员、工程师、专家、技师，是管理庞大近代企业中必不可少的重要人员。我们对于一切技术人员，包括思想上还不同意共产主义的在内，只要忠于职务，不作破坏活动，都应给以工作，并在生活上给以必要和可能的优待，使他们发扬专长，为人民服务。毛泽东的这些想法对于建国后关于知识分子的政策起到了关键的导向作用。

# 第七章　人民军队和现代国防的开拓者

## 第一节　人民军队的缔造者

毛泽东自小就喜欢读《水浒传》、《西游记》、《三国演义》、《隋唐演义》等中国古代传奇小说，特别喜欢读反抗统治阶级压迫和斗争的故事。他早年也参加过新军，想通过枪杆子来拯救中国。但是事与愿违，他弃武从文，把眼光放到了更远。到中国共产党建立之后，他又领导了无产阶级革命的组织，并逐渐壮大。但是在领导革命过程中，尤其是经过大革命的成功和失败的经验教训，毛泽东认识到武装斗争和建设人民的军队的重要性，认识到建立党领导的人民军队也是革命成功的关键，并英勇地担负起独立领导中国革命和创建人民军队的重任。

1926年，毛泽东在为广州农民运动讲习所授课时就特别重视武装农民问题，强调搞革命就要刀对刀，枪对枪，要推翻地主武装团防局，必须建立农民自己的武装，刀把子不掌握在自己人手里，就会出乱子。后来毛泽东又对一位友人说："农讲所要为将来游击战争准备干部，以补救共产党同蒋介石打交道的弱点。军事训练是农讲所教育的重点，为128课时，占总课时的34％。本月，多次到练兵场上指导学员演练，勉励学员要抓好枪杆子，练好杀敌本领，打倒地主和军阀。"

1927年年初，毛泽东到湖南湘乡考察，听取县农民协会干部汇报后说，农民要组织自己的武装，把团防局接过来，在全县组织农民自卫队。在湖南衡山县考察期间，他认真了解农民武装情况，提出要加强对农民自卫军的领导，要夺取地主豪绅的武器，发展农民武装。随后，他在中共湖南区委机关刊物《战士》周报上连续发表《湖南农民运动考察报告》，明确提出"推翻地主武装，建立农民武装"，称农民武装"是使一切土豪劣绅看了打颤的一种新起的武装力量"，提出"湖南的革命当局，应使这种武装力量确实普及于75县二千余万农民之中"。同年6月，毛泽东与李立三、郭亮召集湖南来武汉向国民政府请愿要求惩办发动"马日事变"的反动军官许克祥的共产党员和骨干积极分子近二百人开会，要求大家回到原来的工作岗位，长沙站不住，城市站不住，就到农村去，下乡组织农民。要发动群众，恢复工作，山区的人上山，滨湖的人上船，拿起枪杆子进行斗争，武装保卫革命。毛泽东深知枪杆子的极端重要性，随后，他多次提出"枪杆子里面出政权"的理论，提倡走"武装夺取政权"的道路。

南昌起义和秋收起义是我党独立地创建人民军队的开端。南昌起义宣告了人民军队的诞生，但还来不及进行人民军队的建设，起义就遭到了失败。1927年8月7日，中共中央在汉口召开紧急会议，会议坚决地结束了陈独秀的右倾机会主义在党内的统治，提出了武装斗争和建立军队的主张。毛泽东是"八七"会议的参加者，亦是当时党内力主武装斗争和建设军队的坚强倡导者，"八七"会议又使他成为秋收起义的领导人，这样，建设人民军队的重任也就自然地落在了他的肩上。1927年9月9日，以毛泽东为书记的中共湖南省委前敌委员会领导了由农民、工人和革命官兵参加的秋收起义。

然而，他没有料到，秋收起义遭到严重挫折。为了保存军队的有生力量，他断然放弃了继续攻打中心城市长沙的主张，命令部队向敌人统治力量薄弱的农村转移。对于部队从五千余人减少到一千五百余人的损失，毛泽东感到了肩上的责任分量。面对这样的严峻局面，毛泽东冷静地分析了当时的情况，根据半个月来对部队的指挥与考察，从众多的现象中，他敏锐地觉察出这都是部队成分的结构性、制度性产生的弊端。于是，当部队到达永新三湾村时，毛泽东对秋收起义军进行了改编。毛泽东明白，没有组织的民众是乌合之众，也是没有任何战斗力的散沙；军心的稳定、军队的稳固必须依靠坚强的组织。因此，他将部队缩编为工农革命军第1军第1师第1团，确立了"把党的支部建在连上，实行民主制度，制定革命纪律"，为建设新型人民军队奠定了初步基础。后来的八路军、解放军，把党支部建在连上的优良传统一直很好地保持了下来，成为我军坚强稳固的重要基石。

此外，毛泽东在建立和领导革命军队的过程中，还制定了"三大纪律八项注意"，加强军队纪律性，保证战斗力；确立党对红军的绝对领导的原则，使人民军队成为党最放心和最可靠的军事力量；在红军长征中努力保证军队的统一与完整，使人民军队更加纯洁，更加坚定，更加顽强。当然，他提出和创立的人民战争理论、持久战理论和游击运动战法等都对人民军队的建立和巩固起到了关键性的作用。

具体来说，在井冈山斗争中，毛泽东为部队规定了打仗、筹款和做群众工作三大任务，制订了"三大纪律六项注意"（后来发展成"三大纪律八项注意"）。正是因为有了"三大纪律八项注意"，军队的教育才有了新的内容。这成为军队战士人人牢记、自觉遵守的思想武器，进一步密切了干群关系、军民关系，加强了部队凝聚力和战斗力，使红军成为了最可爱的人。毛泽东还非常注意党对军队的领导权的问题，他强调，军队掌握在谁的手里，听从谁的指挥，为谁服务，事关国家命运和前途，必须明确。1929年12月毛泽东总结红四军的建军经验，在《古田会议决议》中规定了红军的无产阶级性质和基本任务，明确了共产党对红军的绝对领导和政治工作的地位，解决了如何把以农民为主要成分的军队建成无产阶级性质的新型人民军队这个至关重要的问题，把军队始终置于党的绝对领导之下，成为党和国家可以随时放心使用的一支可靠的武装力量。《古田会议决议》在中国人民军队建设史上发挥了长远的指导作用。

1935年1月，在遵义会议上确立了毛泽东在红军和中共中央的领导地位后，毛泽东在长征危急时刻挽救了红军、挽救了党、挽救了中国革命。长征中，针对张国焘的分裂行为，他坚持原则，从保证中央的领导权和军队的完整性出发，再一次挽救了党中央和革命军队，并在毛泽东的正确指挥下红军完成了长征。长征是红军经受的世界军事史上最为惨烈、最为艰苦的考验和磨练，使红军组成变得更加纯洁，更加坚定，更加顽强，铸造了人民军队烈火金刚一般、敢于蔑视一切敌人的顽强战斗意志；长征完成了中国革命中具有伟大历史意义的转折，奠定和树立了钢铁洪流一般不可阻挡的无比锐气和铁军形象，最终使解放军成为敌人闻风丧胆的人民英雄军队。

毛泽东是中国历史上最重视人民力量的卓越统帅。抗日战争时期，毛泽东在《论持久战》提出了"兵民是胜利之本"。即军队与民众的团结和进步是战胜敌人的最根本因素，将军队和民众的力量结合成一个整体，坚持统一战线，坚持全面抗战和持久抗战。他指出，军民团结如一人，试看天下谁能敌。毛泽东这一观点不但指引中国人民取得了抗日战争的胜利，而且对解放战争的胜利也产生和发挥了重要作用，并在战争实践中得到更进一步的发展。毛泽东人民战争理论的力量来源于广大人民群众，来源于军民结合形成的整体力量。它能充分发挥革命战争的政治优势，能在军事上形成整体力量优势，能在经济上获得取之不尽和用之不竭的战争物质保障，能为利用自然地理因素提供最有利的条件，能充分发挥人的能动作用，灵活机动的打击敌人。

在军队建设和策略运用方面，毛泽东同样善于结合中国实际提出自己伟大的理论。抗日战争时期，面对国内抗日的消极氛围和在国民党内出现的"速胜论"和"亡国论"等论调，1938年5月，毛泽东写了《论持久战》一文，初步总结了全国抗战的经验，分析了中日两国的社会形态、双方战争的性质、战争要素的强弱状况、国际社会的支持与否，指出抗日战争是持久战，最后的胜利属于中国，并科学地预见到抗日战争必将经过战略防御、战略相持、战略反攻三个阶段。不仅指明了抗战的前途，同时也找到了战胜日本的正确军事路线。他总结我国古代运动战法经验，在坚持持久战的基础上，倡导人民军队开展多种形式的"运动战、游击战、阵地战、消耗战、歼灭战"等作战原则，指导人民军队集中优势兵力歼灭敌人的有生力量，在与强敌的一次次斗争中逐步战胜敌人、成长壮大。

毛泽东运用他的勇气和智慧缔造了人民军队，也把他毕生的心血注入到了人民军队之中，他创立的一系列关于领导、管理和建设军队的理论和方法给人民军队注入了不可战胜的"军魂"。

## 第二节 开创新中国的强军之路

### 一、阐明建立人民军队的哲学依据

"从马克思主义关于国家学说的观点看来，军队是国家政权的主要成分。谁想夺取国家政权，并想保持它，谁就应有强大的军队"，这是毛泽东关于军队与政权间关系的基本观点。没有一个人民的军队，便没有人民的一切。中国革命，主要的斗争形式是战争，而主要的组织形式是军队，须知，政权是从枪杆子中取得的。毛泽东的这些重要观点揭示了人民军队建设的极端必要性和重要性。

在中国，社会革命有各种不同的内容，但其具体形式是暴力革命。这是因为反动派不会自动放弃自己的政权，他们总是要用暴力镇压被统治阶级的反抗，而被统治阶级不得不通过暴力革命实现其社会革命的任务。马克思关于暴力革命有一句著名的论点："暴力是每一个孕育着新社会的旧社会的助产婆。"其实，历史唯物主义也并不否认在特定的历史条件下，革命有和平发展的可能性，但这种可能性是有条件的，必须阶级力量形成某种特殊对比的情况才能产生，是极其罕见的。

我军的性质是中国共产党领导下的执行无产阶级革命政治任务的武装集团，这武装是工农的武装，这军队是人民大众求解放的军队，是真正的人民军队。确保人民军队无产阶级性质的根本原则是坚持中国共产党对军队的绝对领导。党指挥枪而决不允许枪指挥党。人民军队是中国共产党一手缔造的，它所承担的政治任务是推翻三座大山，建立和保卫社会主义制度，所以人民军队是执行无产阶级革命政治任务的武装集团，它属于政治上层建筑范畴。如果从经济基础与上层建筑之间辩证关系的角度出发，政治上层建筑既包括国家和法律制度等，又包括警察、军队、监狱、法庭等设施。这是根据经济基础建立起来的，反过来它们又为经济基础服务。人民军队是建立在公有制生产关系基础上的上层建筑，它的性质是社会主义的，因而也必然是无产阶级的，所以必须绝对服从无产阶级的先锋队——中国共产党的领导。

毛泽东指出人民军队的宗旨是："紧紧地和中国人民站在一起，全心全意地为中国人民服务"，这也是人民军队的唯一宗旨。全心全意为人民服务的宗旨是我军建军原则的核心，是我军区别于其他军队的本质特征。人民军队的宗旨是由人民军队的性质决定的。一个执行无产阶级革命政治任务的武装集团必然具备为无产阶级服务、为人民大众服务的宗旨。人民群众创造了历史，人民的要求和愿望、人民的利益与需要代表了人类历史发展的潮流和方向。人民军队是为求人民解放而存在，是为满足和保护人民的利益而存在。人民军队的这一宗旨和中国共产党的宗旨是完全一致的。所以，马克思主义的唯物史观以及关于利益与需要的理论是人民军队宗旨理论的哲学依据。

人民军队政治工作的三大原则是"官兵一致"、"军民一致"、"瓦解敌军"。这三大原则的最终目标是要使人民军队在更高的意义上达成一致，在行动上形成合力，共同推动革命进步，取得革命胜利。这三大原则的哲学依据是实践与认识的观点。实践决定认识，认识又反作用于实践，这三大原则就是统一认识的基础，这是唯物辩证法原理的体现。

## 二、坚持唯物主义用兵法

唯物主义用兵法，就是实事求是用兵主义。实事求是是毛泽东重要的思想路线，用这一路线指挥用兵时坚持实事求是的唯物主义用兵新法。在具体运用当中首先坚持调查研究，研究敌我具体情况，这是实事求是用兵的基础。"一切战争指导规律，依照历史的发展而发展，依照战争的发展而发展；一成不变的东西是没有的。"在战争过程中"没有调查，没有发言权"，毛泽东写成的《中国革命战争的战略问题》是指导中国革命战争的重要著作，在该文中，他谈到了战争的指导原则："指挥员的正确的部署来源于正确的决心，正确的决心来源于正确的判断，正确的判断来源于周到的和必要的侦察，和对于各种侦察材料的连续起来的思索"。一切从实际出发，这是唯物主义用兵法的基础原则。其次，研究战争的客观规律，是实事求是唯物主义用兵法的重要依据。战争不是神物，是人间的一种必然运动，因此战争有其自身的必然逻辑，毛泽东因此强调："战争的规律——这是任何指导战争的人不能不研究和不能不解决的问题"。毛泽东十分重视战争规律研究，他用实事求是的唯物主义观点剖析战争。在《中国革命战争战略问题》中，揭示了中国革命战争的规律；他的《论持久战》和《抗日游击战争的战略问题》揭示了抗日战争的客观规律；在《目前的形势和我们的任务》中他揭示了国内战争的客观规律。这些规律是毛泽东在每场战争中制定各阶段战略战术的根本依据，我军也正是靠着这些规律去指导战场作战，最终取得了战争的胜利。实事求是的思想路线要求现代战争要根据战争发展去指导战争。在历次中国战争实践中，我们都是在战争的发展过程中不断总结经验教训，推动革命战争向胜利发展的。在制定第二次国内革命战争的战略时，我军从敌强我弱，敌人占据大城市，但广大的农村敌人控制力量薄弱的特点，向农村进军，创立了农村包围城市、武装夺取政权，在广大农村建立工农武装割据的理论；在抗日战争时候，我军根据中日双方的基本特点、国情以及发展态势，创造性地发展了抗日战争的游击战战略。在解放战争时期，我们始终从战争的发展出发，揭示帝国主义和反动派都是纸老虎，制定十大军事原则，取得了解放战争的辉煌胜利。综上所述，我们可以清晰地看到，毛泽东的实事求是思想路线是一切作战原则的重要理论基础，是他在军事上运用和发展辩证唯物主义的体现。

## 三、建设现代化的革命军队

在人民解放军原有基础上，建设一支优良的现代化革命军队是国防现代化建设的关键所在。中国人民解放军就是巩固人民民主专政的主要工具，是保卫社会主义建设事业的主要依靠力量。在革命胜利、人民政权已经建立的条件下，加强人民军队建设仍然是十分重要的。

新中国成立后，人民军队建设应当从较低级的阶段发展到较高级的阶段。毛泽东这样解释这种转变："中国人民尚未获得全国胜利之前，由于客观物质条件的限制，其军事建设又尚处于比较低级的阶段，也就是处于装备的简单低劣，编制、制度的非正规性，缺乏严格的军事纪律和作战指挥的不集中、不统一及带游击性等。"我们取得了全国范围内的胜利之后就进入到军队建设高级阶段，这个阶段就是掌握现代技术的阶段，而且中国的客观条件已经完全具备了这种发展可能。这是毛泽东的高瞻远瞩和真知灼见。他说："我们的军队，首先是游击队，以后比较正规一些，现在更好一些，但严格地说来，距现代化还相差很远，因此必须努力学习。原子武器出现以后，军队的战略战术和装备都有很大的变化，而在这一方面我们一点都不懂。"因此到了军队建设的高级阶段，军队学习现代化知识尤为重要。今后要建设的是一支在人民群众拥护基础上的，现代化的革命军队，通过我们的努力一定能够实现。

根据毛泽东这样的思想，1954年，在全国军事系统党的高级干部会议上，明确将建设一支优良的现代化革命军队规定为我军军事建设的总方针和总任务。为了实现这一目标，完成这个任务，我军还需要将旧中国缺乏防御设施的状况改变过来，逐渐成为一个具有充分防御设施的现代化强大国家。这样的军队和防御设施是我军军事建设的发展方向。毛泽东提出的军队现代化建设思想还包含以下具体内容：

第一，将单一的军种、兵种的军队发展成为合成型军队。为了适应现代战争的需要，毛泽东提出了加强军事准备，目前采取减少陆军，增加海空军的方法。他尤其强调空军，更应该加强。"我们打了几十年的仗，就是对于空中打击这头上的东西没有办法应付，只能依靠不怕死的革命精神，凭勇敢和牺牲精神去战胜它。"

为了加强各军种、兵种的建设，也为了节省军费加强经济建设，同时支援地方建设，毛泽东要求对军队实行精简整编。原则方针是裁减军队数量，加强质量，在保存主力的前提条件下改编。这样做的目的既是为了有利于加强国家经济建设，又是因为即使战争一旦突然爆发，我军也可以仍然利用保存下来的骨干力量迅速扩充军队应付战争的需要。根据上述要求和原则方针，新中国成立后，人民军队在原有步兵的基础上，组建了海军、空军、防空军、公安军以及炮兵、装甲兵、工程兵、铁道兵、通信兵和防化学兵等特种兵。完成了人民军队建设有史以来的重大转变。实现了由单一步兵型兵种向诸兵种合成型军队的转变。由于决定战争胜负的关键还是步兵和陆军，所以陆军尤其是步兵还是在全军中保持了最高比例。

第二，用现代化的装备武装人民军队。现代化的军队首先必须具备现代化的装备，1954年，毛泽东多次针对尖端技术做出重要指示。他说："原子弹，听说就是这么大一个东西，没有那个东西，人家说你不算数。那么好，我们就搞一点。搞一点原子弹、氢弹、洲际导弹，我看有十年工夫是完全可能的。一年不是抓一次，也不是抓两次，也不是抓四次，而是抓它七八次"，"要组织一批人专门去研究它。要有一小批人吃了饭不做别的事，专门研究它。没有成绩不要紧"。毛泽东谈过他对核武器的看法："我对核武器不感兴趣。这个东西不会用的，越造得多，核战争就越打不起来。要打还是用常规武器打。"他觉得电子对抗工作很好，很有必要研究研究，其实研制尖端武器，是为了防御。我们为什么搞核武器呢？因为一些核打击，特别是美国，拿原子弹吓唬人。我国用很少的投入搞试验，生产少量的原子弹，并不是准备使用的，而是用来防御，当然，"假使敌人在北京、上海扔了原子弹，我们也得还手，要打它"。

第三，与现代化武器装备相适应的，是部队建设的正规化，因此我国的武装要实行统一的指挥、统一的编制、统一的纪律、统一的训练和统一的制度，要各个兵种密切协同作战。为此，人民军队要克复那些曾经正确的，但现在已经不正确的观念，那种不统一、不集中、纪律不严、游击习气等，这些不适合现代战争的作风要去除。人民军队要加强从教育训练上培养组织性、纪律性和准确性、计划性，要体现在工作上和指挥上。为应对现代战争的需要，与部队的现代化和正规化相适应的是要有现代化的指挥系统。他说："为了组织这种复杂的、高度机械化的、近代的战役战斗，没有健全的、具有头脑作用的、富于科学的组织和分工的司令机关是不行的。过去那种不健全的、效率不高的、甚至是不胜任的司令机关，今后就必须大大地加强起来。过去那种只重视政治工作，重视政治工作是对的，今后也还必须重视。"他要求，今后的人民军队要挑选那些优秀的、富于组织纪律和指挥才干的指挥员充实到各级司令机关中来，创造新的司令机关作风和气象。这是建设正规现代化国防部队不可或缺的重要条件之一。毛泽东还对现代后勤保障作出指示，强调对于现代军队来说，组织良好的后方勤务是极其重要的。

第四，对军事训练毛泽东也是非常重视的。新中国成立初期，他就强调军事训练的重要性："军事训练亦须占有一定时间完成一定整训任务，务使武器不生锈，装备不遗缺，战斗意志不降低"。毛泽东要求各级军事机关要督促所属加强备战整训，加强必要的备战措施。他赞同加强部队的野营拉练，认为如果不这样训练，就会变成老爷兵。1954年1月全国军事系统高级干部会议召开，根据毛泽东和中央的指示精神，明确提出现代化军队建设中长期的、经常的中心工作是训练部队，特别是训练部队中的干部。提出这样的要求是因为评价今后我军战斗力高低的基本标准是部队军事训练成绩的好坏，是各级干部学习军事科学成效的优劣。新中国成立后，我国成立了中国人民解放军军事学院，毛泽东将其看作是标志着中国人民建军史上伟大转变之一的事件，解放军军事学院的建院目标是为了培养坚强的、军事过硬的现代化军事指挥干部和专家。毛泽东希望通过院校同志们的努力，将建设正规化、现代化国防部队的精神贯彻到所有人民军队当中去。中央军委在1953年做出的关于军事学校工作的指示明确贯彻了毛泽东的主张：我军各级军事学校是统一全军思想、军事学术、技术和工作作风的基地，是全军军事建设的模型；学校工作质量的高低，对我军今后现代化、正规化建设的质量具有决定性的作用。

## 四、注重军队思想纪律教育和文化建设

思想是行动的基础，我军治军的一大特色是用思想纪律教育的方式加强军队纪律管理。毛泽东非常善于在军队中做思想工作，通过说服教育的方式来提高官兵的觉悟和水平。毛泽东说："这个军队之所以有力量，是因为所有参加这个军队的人，都是具有自觉的纪律。""任何部队，在每一次行动前，必须进行一次公开的全体的纪律教育，并以按照当前具体情况应当注意的具体事项，在不泄露机密的条件下，明确地告诉一切指战员，方能于行动时使一切指战员遵守政治纪律，给人民以良好影响。"辽西战役时攻打锦州，锦州的苹果正处于成熟期，但人民军队遵守"不拿群众一针一线"的纪律，各个部队都特别强调一条纪律，即"不吃人民的一个苹果"。战士们经过了深刻的思想纪律教育，才能严格执行战场上的各项纪律。这件事情，毛泽东曾颇受感动地说："在这个问题上，战士们自觉地认为，不吃是很高尚的，而吃了是很卑鄙的，因为这是人民的苹果。我们的纪律就是建筑在这个自觉性上边。这是我们党的领导和教育的结果"。这件事情的意义在于，做好军队的纪律教育，提高战士严格执行军队纪律的自觉性，是维护我

军纪律性和保障我军能够胜利的关键。

执行严格的纪律首先要使人民军队牢固树立为人民服务的宗旨。毛泽东在《论联合政府》中说："紧紧地和中国人民站在一起，全心全意地为中国人民服务，就是这个军队的唯一的宗旨。"因为"我们的共产党和共产党所领导的八路军、新四军，是革命的队伍。我们这个队伍是完全为着解放人民的，是彻底地为人民的利益而工作的"。

执行严格的军队纪律就要求在军队中重视思想政治教育工作，这是提升军队宗旨思想和军队文化建设的重要举措。毛泽东认为军队思想政治教育的内容应该包含共产主义思想的宣传、马克思列宁主义的学习。在军队中广泛开展"从群众中来，到群众中去"的路线教育。而一切政治教育工作的关键在于让我们的军队始终坚持走群众路线。对于进行思想政治教育的方法，毛泽东认为应该是经常性、定期地进行教育。他说："房子是应该经常打扫的，不打扫就会积满了灰尘；脸是应该经常洗的，不洗也就会灰尘满面。我们同志的思想，我们党的工作，也会沾染灰尘的，也应该打扫和洗涤。"毛泽东还非常重视在军队中树立榜样的方法，要充分发扬英雄人物和事迹在思想政治教育中的突出作用。他在《为人民服务》中高度评价刘胡兰，他号召官兵向模范学习，号召全军学习为人民服务的精神。通过这样的思想政治宣传，加强了军队思想政治教育工作的感染力和现实成效，增强了部队的向心力和凝聚力，从根本上保证了中国革命任务的顺利完成。

军队纪律教育要结合军队纪律检查和监督教育。我军的军队纪律管理体系是在我军逐渐发展过程中逐步形成的。在红军刚刚创立时期，毛泽东就提出"部队对待群众说话要和气，买卖公平，不拉夫，不打人，不骂人"，他规定了人民军队的"三大纪律和六项注意"，三大纪律是"行动听指挥，不拿工人农民一点东西，打土豪要归公"，六项注意是"上门板，捆铺草，说话和气，买卖公平，借东西要还，损坏东西要赔"，后来三大纪律修改为"行动听指挥，不拿群众一针一线，一切缴获要归公"，六项注意修改为八项注意——"说话和气，买卖公平，借东西要还，损坏东西要赔，不打人骂人，不损坏庄稼，不调戏妇女，不虐待俘虏"，解放战争时期再次修改并最终确定下来。这些纪律曾经是红军以及后来的八路军、新四军和人民解放军政治工作的重要依据，它们对于人民军队建设，对于正确处理人民军队内部各项关系，对于团结人民群众和建立军队优待俘虏的正确政策都起到了基础性作用。

纪律检查是纪律执行的重要保障，是加强军队纪律严肃性的有效途径。纪律检查工作做好了，能够保障军队各项任务有效完成，否则将不利于工作开展和任务完成。毛泽东认为，要克服无纪律和无政府倾向，要建立经常性的综合报告制度，具体为要求"各中央局和分局，由书记负责，每两个月，向中央和中央主席作一次综合报告"。这个报告制度能够克服党内和军队当中存在的无纪律无政府状态，保证一切必须和可能集中的权力集中于中央，从而加强军队纪律的严肃性。有过硬的纪律才能有过硬的军队，而对待违反纪律和违反规定的处理，毛泽东主张处罚与教育相结合。破坏纪律的行为，必须追究责任，而且要向全军实行政策教育和纪律教育，以达到加强部队管理的效果。

## 五、发扬军队民主管理的传统

军队中加强民族管理是毛泽东的一贯主张，这是新型人民军队和一切旧式军队的根本区别所在，也是人民军队克敌制胜的重要法宝。毛泽东领导下的人民军队主要实行三大民主：政治民主、经济民主和军事民主。

政治民主就是要在军队当中彻底消除封建压迫制度，杜绝旧军队中军官欺压士兵或者是上级军官压迫下级军官的错误行为。经济民主主要是士兵选出的代表有权协助连队首长管理连队的伙食和给养。所谓的军事民主是指"在练兵时实行官兵互教，兵兵互教；在作战时，实行在火线上连队开各种大、小会，在连队首长指导下，发动士兵群众讨论如何攻克敌阵，如何完成战斗任务。在连续几天的战斗中，此种会议应开几次"。民主管理在我军的发展进程中发挥了重要作用：它不仅能够调动官兵参与部队管理的积极性，而且能够增强军队斗争的勇气、意志和主人翁意识，让官兵深刻体会到自己是为着人民群众的利益而战斗的光荣使命。民主管理还巩固了军队内部的团结，加深官与兵之间、上级与下级之间的良好关系。毛泽东有很多部队当中的民主管理经验值得我们学习和借鉴，比如树立正确的民主意识，积极听取官兵反映的意见，真正实现军队的民主监督，等等。

毛泽东认为军队中树立正确的民主意识是军队中贯彻、落实好民主管理的关键一点。其具体的实行就是在民主管理过程中抓好民主思想教育工作。引导官兵和群众走一条正确的民主管理道路，是顺利实现部队民主管理的关键环节。用民主思想教育从思想上帮助人民军队纠正自身的错误认识，逐步树立正确的民主观念和民主意识，增强官兵的民主认知，正确理解民主和集中的关系，防止极端民主认识的出现。为此，毛泽东主张民主教育应该始终贯穿于军队民主管理的过程中，然后才能推进民主管理的顺利实行。

部队民主管理要求干部们积极听取官兵的意见和建议，灵活接受这些意见，及时准确地做出正确的战略决策，这是提高战士们的革命积极性，为战争最后胜利做了有力保障。此外，军队领导同志善于听取意见同样是民主作风发扬的重要环节。毛泽东总结说："我们的经验是依靠人民，再加上一个比较正确的领导，劣势装备的我们就可以战胜优势装备的敌人。"

毛泽东在井冈山时期就开始建立士兵委员会。他曾提出："应当使士兵群众对于干部中的坏分子有揭发其错误和罪恶的权利。应当相信，士兵对于一切好的和较好的干部是不会不加爱护的。"士兵委员会完全由士兵构成，代表广大士兵的利益和要求，士兵都可以通过这个委员会来参与到军队民主管理当中来，监督军队的经济，维持好军队的纪律，也有利于做士兵的政治教育和群众运动工作。毛泽东曾对士兵委员会做过这样的阐释："士兵委员会就是检察院，是监督官长的。正是因为有了这样一个组织，士兵才敢于讲话，讲的话也发挥了作用。"

此外，部队的民主管理也强调集中，实行一定限度的民主化是军队民主管理的必须。毛泽东说，军队必须实行民主管理，但是也同时必须实行一定限度的民主化，因为"在我们军队中的党组织，也必须增加必要的民主生活，以便提高党员的积极性，增强军队的战斗力。但是军队党组织的民主生活应少于地方党组织的民主。无论在军队或在地方，党内民主都应是为着巩固纪律和增强战斗力，而不是削弱这种纪律和战斗力"。人民军队的这种特殊性使它肩负着执行战斗的重要任务，所以必须有必要高度的集中和统一。强调军队内部的民主，必须正确处理好官兵、领导干部和士兵之间的关系，既民主又集中，防止出现极端民主化。

# 第三节　现代国防建设备受重视

## 一、国防建设的基本思想和哲学依据

建国以后，我国从新民主主义革命向社会主义革命转变，1956年，我国进入社会主义社会，新时期的主要矛盾和主要任务都发生了重大变化，而军事理论主要围绕着解决现代条件下的国防建设问题。毛泽东多次强调必须加强国防建设，建设一支现代化的武装力量，要大力发展现代国防技术。周恩来的政府工作报告将国防现代化列为四个现代化目标之一。毛泽东的国防建设思想包含以下几方面的内容：

第一，"以我为主"，走适合中国国情的国防现代化道路。毛泽东认为，实现国防现代化的根本一点是实事求是，从中国实际情况和具体条件出发，既不能照抄发达资本主义国家的老路，也不能照搬其他社会主义国家或新兴工业国家的经验，只能在我国的具体实践中不断摸索，走自己的路。所以他提出了"以我为主"的国防建设思路，强调在军事战线上也要同经济领域一样坚持以自力更生为主、争取外援为辅的基本方针。走适合中国国情的国防现代化道路是指世界上的他国经验虽然可以为我所用，但不能机械地照抄照搬。因为每个国家的情况不同，千差万别，我们要具体问题具体分析，必须立足于我国的国情搞国防现代化，所以矛盾的特殊性使毛泽东"以我为主"的国防战略的哲学依据，是走正确国防现代化道路的核心。国防现代化建设的各项方针首先立足于本国力量基础上，以自力更生为主，这个原则强调的实际上是国防建设的内因地位；我们不能排斥和拒绝其他国家和人民的帮助，这其实说的是外因。内因是事物存在的内部原因，即事物的内部矛盾，而外因是事物发展的外部原因，是一事物和其他事物之间的相互联系和相互影响。事物发生变化时，内因和外因共同交互作用，但他们所占的地位是不同的，外因是变化的条件，而内因是变化的根据，外因是通过内因起作用的。所以不能夸大外因，否则就会走上形而上学的错误道路；但如果只承认内因，忽视外因，也同样会犯形而上学的片面性错误。所以毛泽东的国防现代化理论是内外因辩证关系原理的反映，也是指导我国国防建设的正确方针。

第二，国防建设要服从经济建设，与经济建设协调发展。毛泽东在《论十大关系》中讲道，正确处理国防建设和经济建设之间的关系，必须提到战略的高度，要求全党和全军都要认真研究和解决这一关系问题。建设强大的国防，往往可靠的办法是把军政费用降到一个适当的比例，相应增加经济建设费用。和平时期我们强调国防建设必须服从经济建设的大局，为经济建设服务，但不能因此削弱和贬低国防建设，两者要协调发展，因此要"一手抓经济，一手抓国防"，国家经济建设的整体规划中要包含国防建设，在经济条件许可的范围内，充分考虑国防建设的需要，使我国的国防实力逐渐增强。这个方针反映的哲学理论是经济基础和上层建筑的关系。国防属于上层建筑范畴，它应该反映并服务于一定的经济基础，所以它要服从经济建设的全局，但又不能只强调发展经济而忽视国防建设，因为国防建设的目的也是为了捍卫经济建设，捍卫社会主义经济基础，国防建设对经济基础有反作用力，因此二者要协调发展。

第三，建设现代化的正规化的国防军。国防现代化的核心是人民军队现代化，推进人民军队现代化、正规化是我党、我军一直贯彻的思想。但在艰苦的革命战争年代我们尚不具备进行现代化军队建设的环境和时机。新中国成立以后，毛泽东以伟大的战略家的眼光及时提出了国防军现代化、正规化的任务，号召全军为这个目标而奋斗。建设一支现代化的国防军就是要将现代化放在军队建设的核心和首要地位，科学合理地规定军队现代化建设的目标与内容，以此推动国防正规化和现代化。人民军队现代化建设是履行国家机器职能的需要，是国防现代化的中心内容。社会主义国家的军队是无产阶级专政的工具，军队同警察、监狱、法庭一样都属于国家机器，都承担着重要的国家职能。军队要抵御外来侵略，对内镇压各种反动势力，保卫祖国。国家机器的发展和完善是整个上层建筑适应经济基础的要求之一，国防现代化的理论是马克思主义国家机器学说的发展。我军经历了一个从无到有、从弱到强的发展历史，有了科学理论的指导，我们才打败了强大的敌人，为建立人民民主专政的国家政权立下了不朽的功勋。

## 二、国防建设具体策略

毛泽东将马列主义国家学说运用于国防建设实践中，从中国的具体国情出发，集中全党、全军和全国人民的智慧，创立发展出了一整套国防科学理论，指导中国国防建设取得了巨大成就。

毛泽东领导中国革命战争的实践中形成了许多闪光的战略思想，其中积极防御的国防战略思想是非常具有代表意义的。新中国成立以后，毛泽东等同志对军事战略方针作过多次阐述，主要强调继续坚持积极防御的战略思想。这个思想的核心是我们不去侵略别的国家，但当祖国的主权和领土完整一旦遭到侵犯，就一定予以坚决回击。"我们是马克思列宁主义者，我们的国家是社会主义国家，不是资本主义国家，因此，一百年，一万年，我们也不会侵略别人。"

1952年毛泽东在谈到抗美援朝的时候说，如果不是美国军队占领台湾，侵略朝鲜，将战火烧到了我国的东北边疆，中国人民和美国军队是不会作战的。但是"既然美国侵略者已经向我们伸出了魔爪，我们就必须还击。人家侵略我们了，我们就一定要打，而且要打到底"。他强调两点：第一，我们不要打而且反对打；第二，我们不怕打，要打就打。反对打是为了保持长久的和平；打同样是为了争取持久的和平。在国防战略上坚持积极防御的方针，坚持自卫的立场，不屈服于任何大国的军事压力，不屈服于霸权主义的战争威胁，做好反侵略战争的准备，遏制战争，但也力争应得战争的胜利。毛泽东的这一战略成为新中国军事战略的基础方针。建国以来，虽然世界形势和国际格局以及战争的因素都发生了变化，但我国的军事战略方针始终没有离开积极防御的基础，在新的和平历史条件下还有了进一步的丰富和发展。

国防建设和经济建设之间的关系也是现代化建设中的一对基本关系，涉及到具体的国防建设理论。毛泽东认为，经济建设和国防建设是国家建设的两个重要组成部分，缺少任何一个，都不可能将我国建设成为一个独立富强的社会主义国家。而经济建设是国防建设的基础，国防建设又必须立足于经济建设和发展基础之上。国防建设又是经济发展的屏障。战争年代毛泽东提出"经济建设服从革命战争"的原则："在现在的阶段上，经济建设必须是环绕着革命战争这个中心的。革命战争是当前的中心任务，经济建设事业是为着它的，是环绕着它的，是服从于它的。"建国时期他又提出"国防和经济建设并举"的方针，这是因为刚刚成立的国家百废待兴，财政经济面临严重困难，帝国主义又对我国实行封锁和战争威胁，所以经济建设和保卫国防的任务都是十分艰巨的。

毛泽东提出，世界大战一时打不起来，我们处在暂时的和平时期，这是从维护国家安全的角度来认定的世界局势。根据这一判断，我们提出的方针是一手抓经济，一手抓国防。社会主义建设时期，毛泽东又提出"国防服从服务于经济建设"的原则。国防建设必须以经济建设为中心，第一位的是加强经济建设，国防服从经济大局。"我们一定要加强国防，因此，一定要首先加强经济建设。""可靠的办法是把军政费用降低到一个适当的比例，增加经济建设费用。只有经济建设发展得更快了，国防建设才能够有更大的进步。"毛泽东认为帝国主义集团的战争政策并没有根本改变，新的战争危险是存在的，所以一定要保持一定比例的国防工业，将国防建设纳入国家规划当中。这些国防建设的方针和原则为保卫中国和平建设环境，推动经济发展起到了巨大的推动作用。

在国防建设理论上，毛泽东还倡导军民结合的国防思想，即全民国防战略，以民兵等组织形式，达到全民皆兵，这是毛泽东国防建设思想的一大特色，也是毛泽东人民战争思想在建国后的重大发展。军队是国防的重要支柱，所以必须建设强大的人民军队。抗美援朝战争胜利后，我军根据毛泽东建设强大陆海空军的思想，开始调整军队编制体制、创办军事院校，加强军事训练，发展军事武器装备，同时改革军事制度，全面加强国防现代化建设。这大大增强了我国的国防实力，也迅速提高了我军的现代化和正规化水平。毛泽东还指出，国家安全既要靠军队，还要依靠人民群众。国防建设的目的是为了保护人民的根本利益，所以国防建设要动员和依靠广大人民。毛泽东说："力量小的，同人民联系，强；力量大的，反人民的，弱。国家不分大小，只要充分动员人民，坚决依靠人民，进行人民战争，任何强大的敌人都是可以打败的。"毛泽东十分赞赏民兵组织。他说，"我们不但要有强大的正规军，我们还要大办民兵师，民兵既是军事组织，又是劳动、教育、体育组织，这种形式很好，应当推广"。毛泽东的这些国防思想，既强调军队对国家安全的重要性，又强调了全民方位的基础性作用，立足于战争，立足于军民结合的国防思想是毛泽东国防思想的主体。

除此之外，毛泽东还注重利用国际力量巩固国防。国防建设的一项基本方针是自力更生，依靠自己的艰苦奋斗为主，幻想买进一个现代化，完全依赖外援是错误的。毛泽东指出，国防建设的指导思想是要牢固树立自力更生的方针，坚决反对依附于某个大国，把重点放到外部支援上。但是毛泽东从来不反对也不排除争取国际力量的支持。他认为在一定条件下争取国际支持是保国安邦不可或缺的。只有将两种力量有机结合起来，才能确保国家的长治久安，最终维护世界和平。毛泽东所坚持的是"两条腿走路"，将"以我为主"发展国防和学习外国先进经验结合在一起。一概排斥外国和一味依赖外国都不是马克思主义的态度，都对我国的国防事业不利。一方面我国的基础还很薄弱，科技比较落后，为了尽快缩短同发达国家的差距，所以需要向外国学习，另一方面自力更生的能力越强，就对引进外国先进技术和设备越有利，从而对我国国防现代化建设更有利。

# 第八章　毛泽东思想的主要创立者

　　毛泽东思想是马克思列宁主义普遍原理和中国革命具体实践相结合的产物。它是以毛泽东为主要代表的中国共产党人，运用马克思主义的立场、观点和方法，把中国长期革命和建设实践中的一系列独创性经验作了理论概括而形成的适合中国情况的科学的指导思想。毛泽东把马列主义基本原理同中国具体实际结合起来，领导我们党和人民找到了一条新民主主义革命的正确道路，完成了反帝反封建的历史任务，结束了中国半殖民地半封建社会的历史，建立了中华人民共和国，确立了社会主义制度。接着，他又从中国实际出发，开始探索社会主义建设的道路，最终形成了关于中国革命和建设的思想。毛泽东思想是马克思列宁主义在中国的运用和发展，是被实践证明了的适合中国革命和建设的正确的理论原则和经验总结，是中国共产党集体智慧的结晶。在实现马克思主义同中国革命实际相结合的第一次历史性飞跃的进程所形成的理论成果中，毛泽东的贡献最大、创造最多、水平最高；毛泽东的科学著作是毛泽东思想的集中概括，毛泽东是毛泽东思想的最主要的创立者。

贯穿于毛泽东思想主要内容中的基本立场、观点和方法是毛泽东思想的灵魂，主要有三个基本方面，即实事求是、群众路线、独立自主。毛泽东思想以独创性的理论丰富和发展了马克思列宁主义，包含着丰富的内容。

## 第一节　创立新民主主义革命理论

毛泽东从近代中国的历史和社会状况出发，研究中国革命的特点和中国革命的规律，发展了马克思列宁主义关于无产阶级在民主革命中的领导权的思想，创立了无产阶级领导的，工农联盟为基础的，人民大众的，反对帝国主义、封建主义和官僚资本主义的新民主主义革命的理论。他把新民主主义革命的总路线概括为：无产阶级领导的、人民大众的、反对帝国主义、封建主义和官僚资本主义的革命几个方面。具体来说，新民主主义革命的任务是对外推翻帝国主义压迫的民族革命和对内推翻封建地主压迫的民主革命；新民主主义革命的对象是帝国主义和封建地主阶级；新民主主义革命的领导者是无产阶级；新民主主义革命的动力是人民大众；新民主主义革命的性质是资产阶级民主主义革命；新民主主义革命的前途是建立人民民主专政国家，经过新民主主义革命进而实现社会主义。

毛泽东在其众多著作中概括了新民主主义基本纲领，由政治纲领、经济纲领和文化纲领三部分组成。新民主主义的政治纲领是在中国建立一个以无产阶级为领导的，以工农联盟为基础的，一切反帝反封建的人民联合专政的民主共和国。新民主主义的经济纲领是中国共产党在新民主主义革命时期关于经济问题的基本主张和斗争目标。没收封建地主阶级的土地归农民所有，没收国民党四大家族官僚资本归新民主主义国家所有，保护民族工商业，允许私人资本主义在不操纵国计民生的前提下得到发展。新民主主义的文化纲领是无产阶级领导下的，以共产主义思想为指导的人民大众的反帝反封建的文化，即民族的科学的大众的文化。新民主主义基本纲领——政治、经济、文化纲领是新民主主义革命总路线的具体化，是新民主主义理论体系的重要组成部分，将引导中国革命由新民主主义最终走向共产主义。

毛泽东关于新民主主义理论的著作很多，其中代表性的主要有：《中国社会各阶级的分析》、《湖南农民运动考察报告》、《星星之火，可以燎原》、《新民主主义论》、《论联合政府》等。这些著作不仅分析了中国社会各阶级的构成，分析了新民主主义革命的成分、纲领，而且还分析了民主革命的主要斗争形式。他指出，由于中国没有资产阶级民主，反动统治阶级凭借武装力量对人民实行独裁恐怖统治，革命只能以长期的武装斗争为主要形式。中国的武装斗争，是无产阶级领导的以农民为主体的革命战争，通过建立农村根据地，进行长期的革命斗争，发展和壮大革命力量。毛泽东指出："统一战线和武装斗争，是战胜敌人的两个基本武器。"加上党本身的建设，就成为中国革命的三个主要法宝。这就是中国共产党成为全民族的领导核心，并且创造出一条以农村包围城市，最后夺取全国胜利的道路的基本依据。新民主主义革命理论是毛泽东思想达到成熟的主要标志。

## 第二节　探索社会主义革命和建设理论

前已有述，毛泽东依据新民主主义革命胜利所创造的向社会主义过渡的经济政治条件，主张采取社会主义工业化和社会主义改造同时并举的方针，实行逐步改造生产资料私有制的具体政策，最终完成了"三大改造"，从理论和实践上解决了在中国这样一个占世界人口近1/4的、经济文化落后的大国中建立社会主义制度的艰难任务。

在社会主义改造中，毛泽东提出的对人民内部的民主和对反动派的专政互相结合起来就是人民民主专政的理论，丰富了马克思列宁主义关于无产阶级专政的学说。在社会主义制度建立以后，毛泽东又提出了一系列具有战略意义的正确思想和方针。主要包括：

第一，关于正确处理社会主义建设中若干重大关系的思想。毛泽东在《论十大关系》的报告中，以苏联经验为借鉴，走自己建设中国特色社会建设道路的思想，提出了调动一切积极因素，建设社会主义的基本方针，并在调查研究，集中党的集体智慧的基础上，从经济、政治等方面阐述了社会主义建设中的十大关系。第二，关于社会主义社会矛盾的学说。毛泽东在《关于正确处理人民内部矛盾的问题》的重要讲话，分析了社会主义社会的矛盾及其特点，明确提出了社会主义基本矛盾的概念、社会主义社会两类不同性质矛盾的思想以及正确处理人民内部矛盾的一系列方针。第三，关于中国工业化道路的思想。毛泽东在《论十大关系》和《关于正确处理人民内部矛盾的问题》的讲话中，反复强调要走中国工业化的道路。指出，中国工业化的道路，"主要是指重工业、轻工业和农业的发展关系问题。我国的经济建设是以重工业为中心，这一点必须肯定。但是同时必须充分注意发展农业和轻工业"。由此，逐步形成了以农业为基础，正确处理工业和农业的关系，以农、轻、重为序安排国民经济，做到工农业并举，重工业和轻工业并举的适合我国国情的工业化道路思想。第四，关于发展商品生产，遵守价值规律的思想。毛泽东在纠正"大跃进"和人民公社化错误的过程中，针对取消商品、货币和否定价值规律作用等错误观点，提出了发展商品生产，利用价值规律的思想。

除此之外，毛泽东还提出了人民内部要在政治上实行"团结—批评—团结"，在党与民主党派的关系上实行"长期共存、互相监督"，在科学文化工作中实行"百花齐放、百家争鸣"，在经济工作中实行"统筹兼顾、适当安排"等一系列正确方针；告诫全党在社会主义建设上，不要机械搬用外国的经验，而要从中国是一个大农业国这种情况出发，以农业为基础，正确处理重工业同农业、轻工业的关系，充分重视农业和轻工业，走出一条适合我国国情的中国工业化道路的思想；关于调动一切积极因素，化消极因素为积极因素，团结全国各族人民建设社会主义强大国家的战略思想；等等。这些正确的思想、方针和主张，对后来的中国特色社会主义建设道路的探索具有重要的指导意义。

## 第三节　创立革命军队建设和军事战略理论

毛泽东在领导建立人民军队之后，开始思考和实践军队的领导和管理问题，逐步地、系统地解决了以农民为主要成分的革命军队如何建设成为一支无产阶级性质的、具有严格纪律的、同人民群众保持亲密联系的新型军队的问题。

毛泽东规定了全心全意为人民服务是人民军队的唯一宗旨，明确了是党指挥枪而不是枪指挥党的原则，制定了三大纪律八项注意，强调实行政治、经济、军事三大民主，实行官兵一致、军民一致和瓦解敌军的原则，提出和总结了一套军队政治工作的方针和方法。他还提出了"工农武装割据"的思想，并进行了成功的实践。他认为：第一，武装斗争是"工农武装割据"的主要斗争形式。不建立强大的红军和没有红军战争的胜利，土地革命就没有保障，农村革命根据地也不能存在和发展。第二，土地革命是"工农武装割据"的中心内容。只有实行土地革命，红军和红军战争才能得到广大农民的支持，根据地才能得到巩固和发展。第三，农村革命根据地是"工农武装割据"的战略阵地。没有根据地，武装斗争就是流寇主义，土地革命就无法开展。

毛泽东先后在《中国革命战争的战略问题》、《抗日游击战争的战略问题》、《论持久战》、《战争和战略问题》等军事著作中，总结了中国长期革命战争的经验，系统地提出了建设人民军队的思想，提出了以人民军队为骨干，依靠广大人民群众，建立农村根据地，进行人民战争的思想。他为革命军队制定了一系列人民战争的战略战术，并在解放战争中总结出著名的十大军事原则。这些是毛泽东对马克思列宁主义的军事理论的极为杰出的贡献。建国以后，他提出必须加强国防，建设现代化革命武装力量（包括海军、空军以及其他技术兵种）和发展现代化国防技术（包括用于自卫的核武器）的重要指导思想。

## 第四节　创立基本革命政策和策略

毛泽东精辟地论证了革命斗争中政策和策略问题的极端

重要性，指出政策和策略是党的生命，是革命政党一切实际行动的出发点和归宿，必须根据政治形势、阶级关系和实际情况及其变化制定党的政策，把原则性和灵活性结合起来。在对敌斗争和统一战线工作等方面，他提出了许多重要的政策和策略思想。关于斗争策略问题，最著名的就是他精辟地分析了民主革命时期民族资产阶级的两面性。他分析得出：中国的民族资产阶级既有革命要求又有动摇性（妥协性、不彻底性），是一个具有两面性的阶级。这种两面性是由其天生的软弱性所决定的。一方面，民族资产阶级受帝国主义的压迫，又受封建主义的束缚，所以，他们同帝国主义和封建主义有矛盾，是革命的力量之一；另一方面，由于他们同帝国主义和封建主义并未完全断绝经济上的联系，所以，他们又没有彻底的反帝反封建的勇气。民族资产阶级这种天生的软弱性，导致他们在革命中往往表现为进步与妥协、革命与动摇的两面性。民族资产阶级的这种两面性，使它在中国新民主主义革命各个时期表现为不同的政治态度，中国共产党必须正确分析民族资产阶级的这种两面性，当它表现出进步、革命一面的时候，要争取民族资产阶级参加革命的统一战线；在它表现出妥协、动摇一面的时候，要同它作必要的斗争，同时继续争取、团结它；特别是在同大资产阶级分裂统一战线，进行武装斗争的时候，要努力争取民族资产阶级的同情或中立。要克服在对待民族资产阶级问题上的"左"的或右的两种错误倾向，始终把握对民族资产阶级正确的政策和策略。

毛泽东重视政策和策略问题还表现在他的统一战线思想中。他说中国无产阶级应该懂得："他们自己虽然是一个最有觉悟性和最有组织性的阶级，但是如果单凭自己一个阶级的力量，是不能胜利的。而要胜利，他们就必须在各种不同的情形下团结一切可能的革命的阶级和阶层，组织革命的统一战线。"他又分析了大革命时期的经验，"1924年至1927年的经验，表明了当资产阶级追随着无产阶级的政治领导的时候，革命是如何地前进了；及至无产阶级（由共产党负责）在政治上变成了资产阶级的尾巴的时候，革命又是如何地遭到了失败。这种历史不应当重复了"。依现时的情况说来，离开了无产阶级及其政党的政治领导，抗日民族统一战线就不能建立，和平民主抗战的目的就不能实现，祖国就不能保卫，统一的民主共和国就不能成功。所以，在统一战线中要坚持原则，这个原则就是党的领导。换句话说，中国革命的历史经验证明：中国共产党要正确地领导革命统一战线，促进革命的发展与胜利，就必须正确处理统一战线中两个联盟的关系。这就是：第一，放手发展和加强工农联盟，使它真正成为统一战线的基础和依靠；第二，尽可能扩大第二个联盟，团结一切可以团结的力量；第三，正确地发挥两个联盟之间的相互作用，使它们互相促进。总之，中国革命的实践证明两个联盟关系的处理是否得当，对统一战线的巩固、对革命事业的发展，是十分重要的。

毛泽东的这些政策和策略思想，表现在他的许多著作中，特别是集中体现在《目前抗日统一战线中的策略问题》、《论政策》、《关于目前党的政策中的几个重要问题》、《帝国主义和一切反动派是不是真老虎的问题》等著作中。

## 第五节　开创党的思想政治和文化工作理论

毛泽东认为思想政治工作是一切工作的生命线，他说："政治是统帅，是灵魂。没有正确的政治观点，就等于没有灵魂"。这是建立在辩证唯物主义和历史唯物主义基础之上的科学论断。具体来说，思想政治工作为其他一切工作指明了正确的政治方向，保证各项工作沿着社会主义道路前进；思想政治工作能从根本上保证劳动人民以主人翁的姿态从事社会主义建设，为经济建设和各项工作提供强大的精神动力；思想政治工作能防止和克服各种非无产阶级思想对人们思想的侵蚀，帮助人们树立正确的思想观念；思想政治工作是保证我们在经济工作和其他工作中按客观规律办事保证一切工作顺利进行的重要条件。

毛泽东根据"一定的文化（当作观念形态的文化）是一定社会的政治和经济的反映，又给予伟大影响和作用于一定社会的政治和经济；而经济是基础，政治则是经济的集中表现"这个基本观点，提出思想政治工作是经济工作和其他工作的生命线。要发展科学的、民族的、大众的文化；实行百花齐放，推陈出新，古为今用，洋为中用的方针；要充分发挥知识分子在革命和建设中的作用，知识分子要同工农相结合，通过学习马克思列宁主义、学习社会和工作实践树立无产阶级世界观的思想，实现全心全意为人民服务，艰苦奋斗，不怕牺牲。

具体来说，毛泽东关于思想政治工作和文化工作的主要观点有：1．用马克思主义教育和武装人民群众是首要内容；2．对广大人民群众进行党的路线方针政策教育是思想政治工作的核心内容；3．共产主义理想信念和思想道德教育是思想政治工作的重要内容；4．爱国主义教育是思想政治工作的重要内容之一；5．革命传统教育是党在执政条件下思想政治工作的一个重要方面；6．国内和国际形势任务的教育是思想政治工作的一项经常性工作；7．科学文化知识教育也是思想政治工作不可缺少的一项工作；8．进行世界观、人生观、价值观教育是思想政治工作的基本内容。毛泽东关于思想政治文化的许多著名的著作，如《在延安文艺座谈会上的讲话》、《纪念白求恩》、《为人民服务》、《愚公移山》等，至今仍有重要意义。

## 第六节　形成系统的党的建设理论

在无产阶级人数很少但战斗力很强，农民和其他小资产阶级占人口大多数的国家，建设一个具有广大群众性的、马克思主义的无产阶级政党，是极其艰巨的任务。毛泽东特别注重从思想上建党，他认为，党的思想建设是党的各方面建设的基础。在我们党内，最本质的矛盾是无产阶级思想与非无产阶级思想的矛盾，其中最主要的是无产阶级思想与农民、小资产阶级思想的矛盾。因此，着重于党的思想建设，特别是用无产阶级思想去克服和改造小资产阶级思想。毛泽东还提出，党的思想建设的根本任务是要帮助党员不仅在组织上入党，而且更重要的是在思想上入党，经常注意以无产阶级思想改造和克服各种非无产阶级思想，以保持党的无产阶级先锋队性质。这是毛泽东提出的一项重要建党原则，是把党的思想建设放在首位的具体体现。

毛泽东认为，党的思想建设的首要内容就是加强党的理论建设，因为理论建设是思想建设的基础；加强以党章为主要内容对党员进行的党的基本知识的教育，加强党员的党性修养，提高全体党员的素质。毛泽东还指出了党的思想建设的基本原则，即把坚持对党进行思想教育作为中心环节。掌握思想教育，是团结全党进行伟大政治斗争的中心环节。整风运动是加强党的思想建设的好形式。

毛泽东把辩证唯物主义和历史唯物主义运用于无产阶级政党的全部工作，在中国革命的长期艰苦斗争中形成了具有中国共产党人特色的立场、观点和方法，丰富和发展了马克思列宁主义。它们不仅表现在毛泽东的全部科学著作中，也表现在中国共产党人的革命活动中。

毛泽东思想是马克思主义中国化第一次历史性飞跃的理论成果，是中国共产党和中国人民历尽艰辛获得的宝贵的精神财富，是中国革命和建设的科学指南，是中华民族的精神支柱。

毛泽东思想作为党的指导思想，更是集中体现了中国共产党的这一鲜明特点。毛泽东思想，一方面完全是马克思主义的，另一方面又完全是中国的，是中华民族智慧的最高表现和理论上的最高概括。

毛泽东把辩证唯物主义和历史唯物主义运用于无产阶级政党的全部工作，在中国革命的长期艰苦斗争中形成了具有中国共产党人特色的这些立场、观点和方法，丰富和发展了马克思列宁主义。它们不仅表现在毛泽东的全部科学著作中，也表现在中国共产党人的革命活动中。毛泽东思想是马克思主义中国化第一次历史性飞跃的理论成果，是中国共产党和中国人民历尽艰辛获得的宝贵的精神财富，是中国革命和建设的科学指南，是中华民族的精神支柱。毛泽东思想作为党的指导思想，更是集中体现了中国共产党的这一鲜明特点。毛泽东思想，一方面完全是马克思主义的，另一方面又完全是中国的，是中国民族智慧的最高表现和理论上的最高概括。它是中华民族宝贵的精神支柱，将长期激励和指导我们前进！